FUTUR CONCILE

ET LES

QUESTIONS QU'IL SOULÈVE

SUIVI DE LA

BULLE ÆTERNI PATRIS

PARIS

VICTOR PALMÉ, ÉDITEUR DES BOLLANDISTES

25, RUE DE GRENELL-SAINT-GERMAIN

—

1868

LE FUTUR CONCILE

PARIS. — E. DE SOYE, IMPRIMEUR, PLACE DU PANTHÉON, 2.

LE
FUTUR CONCILE

ET LES

QUESTIONS QU'IL SOULÈVE

SUIVI DE LA

BULLE ÆTERNI PATRIS

PARIS

VICTOR PALMÉ, ÉDITEUR DES BOLLANDISTES

25, RUE DE GRENELLE-SAINT-GERMAIN

1868

LE FUTUR CONCILE

Il ne fallait pas être doué d'un esprit prophétique pour prévoir et décrire d'avance l'accueil que feraient les libres penseurs à la Bulle *Æterni Patris*. Un instinct secret sembla les avertir que la convocation du Concile œcuménique précipiterait le dénouement de la crise contemporaine et la solution des problèmes sociaux en souffrance. Or, l'Erreur, qui tient à ne pas être expropriée de ses installations doctrinales, milite pour la permanence de tous les *statu quo*. Discuter, affirmer, c'est éclaircir : elle est donc hostile à toutes les affirmations. Ses craintes, il faut l'avouer, sont assez fondées. « La source de toutes les objections que nous font les hérétiques, a dit Pascal, est l'ignorance de quelques vérités... C'est pourquoi le plus court moyen d'empêcher les hérésies est d'instruire de toutes les vérités, et le plus sûr moyen de les réfuter est de les déclarer toutes. » L'Erreur a donc l'intuition des dangers qui la menacent. Elle sait que les controverses qui s'agitent entre des hommes remplis de Dieu favorisent éminemment la germination du vrai dans les âmes ; et qui peut dire qu'elle n'entrevoit pas, derrière ces délibérations augustes, le prochain Avénement de l'Église à la magistrature de toutes les consciences?

Ses frayeurs sont d'autant plus vives que des souvenirs importuns viennent, de temps en temps, troubler sa quiétude. Il n'est pas de siècle où l'âme collective de l'Humanité ait plus souvent annoncé, par la bouche de ses penseurs, l'irradiation du Christianisme sur tous les peuples.

On connaît les paroles fatidiques de Joseph de Maistre :

« Plus que jamais, dit-il, il faut nous tenir prêts pour un événement immense dans l'ordre divin, vers lequel nous marchons avec une vitesse accélérée qui doit frapper tous les observateurs. » Et voici le caractère essentiel de cet état futur : « Tout annonce je ne sais quelle grande unité vers laquelle nous marchons à grands pas... Nous touchons à la plus grande des époques religieuses... Il me semble que tout vrai philosophe doit opter entre ces deux hypothèses, ou qu'il va se former une nouvelle Religion, ou que le Christianisme sera rajeuni de quelque manière extraordinaire. »

Un autre génie, Châteaubriand, écrivait il y a trente ans :

« Un avenir sera, un avenir puissant, libre, dans toute la plénitude de l'égalité évangélique... Le Christianisme parait être descendu au tombeau ; il aura sa résurrection, et c'est sur la base du Christianisme que sera reconstruite, après un siècle ou deux, la vieille société qui se décompose à présent. »

Les libres penseurs connaissent aussi cette phrase de Rancke, le célèbre historien : « Nous verrons, dit-il, une nouvelle exposition du Christianisme qui réunira tous les Chrétiens et qui ramènera les incrédules eux-mêmes. »

« Et cette synthèse religieuse, dit Schlegel, cette réunion dans la science et dans la foi, sera plus importante dans ses résultats spirituels que ne le fut, il y a trois cents ans, la découverte d'un autre hémisphère, ou du véritable système du monde, ou que ne le fut jamais toute autre découverte. »

Inquiète et irritée de ces attentes éparses, de cette foi sociale, l'Erreur veut à tout prix en empêcher la contagion. Mais comment ?

Sa tactique est aussi simple que radicale : pour nier l'avenir, elle falsifie le passé. Aux âmes qui demandent la dilatation incessante du corps du Christ dans l'humanité, elle oppose les frauduleux enseignements d'une histoire tronquée.

Les apôtres, en initiant le monde aux principes chrétiens, paralysèrent, disent les libres penseurs, la mission civilisatrice des Césars. Ecoutez M. Renan : « L'empire, bien loin d'être en décadence, était dans toute la force de la plus robuste jeunesse. La décadence viendra pour lui, mais deux cents ans plus tard, et, chose étrange ! sous de bien moins mauvais empereurs. »

Plus tard, le même système de compression se poursuit. L'Église encourage l'ignorance et le despotisme, entrave l'émancipation des serfs, donne des primes à l'oisiveté, etc., etc.

Voilà les griefs : ils sont nombreux et graves ; mais comment nos adversaires remueraient-ils les foules, s'ils économisaient l'hyperbole? Pour contraindre les âmes à déserter leurs croyances, pour provoquer entre le Christ et l'homme un divorce irrémissible, de mesquins reproches n'échoueraient-ils pas? Il fallait une accusation capitale qui discréditât, pardon! qui contaminât à jamais l'œuvre évangélique. Les réquisitoires n'ont donc pas manqué, réquisitoires acerbes, bilieux, mais auxquels l'ignorance a beaucoup plus collaboré que la haine.

A ces sophisticateurs de l'histoire, à ces cœurs incirconcis, nous ne demanderons pas le respect de notre foi ; si la justice repugne à leur tempérament ou à leurs calculs, nous nous contenterons de l'aumône du silence. Car, pour les consciences altérées de justice, lorsque leur apparaît la vision radieuse de l'épanouissement des peuples au souffle du Verbe, ce n'est point l'hommage banal qui suffit ; l'hymne ne peut même plus épuiser leur enthousiasme !

I

Une des armes du camp rationaliste contre les Conciles, c'est la raillerie. On compare volontiers ces sacrés amphictyons aux synodes des Grecs qui discutaient sur la lumière créée ou incréée du Thabor. Débats théologiques, arguties d'écoles! disent les « esprits sérieux ». Et ces « esprits sérieux » opinent indulgemment pour la tolérance. Que voulez-vous? s'écrient-ils avec onction, tous les cultes ont leurs travers. Les fakirs de l'Inde méditent pendant soixante ans sur les vertus de l'ongle de Çakia-Mouni. Laissons donc les brahmanes catholiques fourbir en paix leurs sentences et prononcer des oracles moins sûrs que ceux de Calchas (1)!

En dépit de ces brocards, nos adversaires ne parviennent pas à se dissimuler la prépondérance des Conciles. Bien plus, dans leurs accès de sincérité, ils se couvrent la tête de cendres, interpellent le pouvoir, et le somment

______

(1) Mais les libres penseurs éclairés, mais les écrivains chez qui l'indépendance dogmatique n'est pas synonyme de déloyauté, n'hésitent pas à rendre hommage à l'influence civilisatrice de Conciles. Un d'eux, il y a vingt ans, s'affligeait de leur interruption. « La suppression des conciles œcuméniques fut, disait-il, un immense malheur, car l'Eglise ne pouvait rentrer régulièrement dans la voie chrétienne que par leur intermédiaire. Ces assemblées ont sans doute donné le spectacle de grandes aberrations (???), mais il n'en est guère au sein desquelles il ne se soit produit quelque grande pensée à l'appui de la vérité... La forme représentative y maintenait un germe social qui n'eût pas manqué de se développer... Les Conciles, soyons-en certains, eussent été entraînés dans l'expansion de la civilisation moderne, et l'Eglise devenue accessible aux éléments d'assimilation, ne fût pas restée pouvoir spirituel seulement, elle fût devenue le spirituel et le temporel des empires. — (*Revue indépendante*, rédigée par MM. P. Leroux, Jean Reynaud, G. Sand, H. Martin, etc., numéro du 10 avril 1845. Article de M. Francisque Bouvet.)

de surveiller ces dangereuses assemblées. Nous avons vu MM. les démocrates Ollivier et Guéroult invoquer la politique traditionnelle de « nos rois » et conjurer le gouvernement de ne pas y déroger. Cettte attitude ne trahit-elle pas les anxieuses pensées qui sollicitent aujourd'hui toutes les consciences dissidentes? Et peut-on dire qu'elle ne légitime pas la convocation du Concile? Pour que la Bulle d'indiction suscite, à elle seule, de si orageux conflits, il faut que le futur sénat de l'Église universelle soit appelé à devenir le providentiel instrument de quelque rénovation sociale.

C'est, du reste, la mission historique de l'Église. Corps mystique du Christ, l'Église a pour mission d'engendrer et de former les âmes en faisant descendre en elles la présence et l'action de Dieu qui les transfigure. Elle doit prolonger l'Incarnation dans le monde et travailler à l'union indissoluble de l'homme avec le Christ. Si quelques âmes sont réfractaires à cette transformation idéale, les rejettera-t-elle de son sein? Non ! Selon l'esprit du Christianisme, elle ira au-devant des égarés, elle signalera leurs erreurs et les suppliera de ne pas divorcer avec le Verbe. Dieu, dit l'Apôtre, veut que nous devenions participants de la nature divine, *divinæ consortes naturæ*. Et saint Augustin, commentant ces paroles, s'écriait : *Ideo Christus factus est homo ut homo fieret Deus*. Que font donc les Conciles? Ils rajeunissent cet enseignement primordial, ils rappellent à l'humanité ses destinées, et condamnent les ignorants qui veulent arrêter l'essor illimité de l'homme vers Dieu. Les hérésies ne sont que des révoltes contre la communion de l'homme et du Verbe : négation de l'amour, de l'unité, de la vie, voilà leur nom. A l'âme qui s'élève, qui gravite, qui a besoin de se dilater dans l'Être, l'hérétique crie : « Replie-toi sur toi-même, affaisse-toi, résiste à l'attirance du ciel, et dévoue ton cœur aux amours terrestres. » Au fond donc, les insurrections dogmatiques sont des restaurations irréfléchies ou calculées du paganisme. L'homme extériorise Dieu, s'en sépare et s'adore : ou plutôt, comme le monde contingent n'est qu'une pluralité de phénomènes, il dissémine ses hommages sur chacun d'eux et fractionne ainsi le Dieu unique en divinités sans nombre.

Gioberti, dans ses œuvres philosophiques, Cantu, dans la *Réforme en Italie,* démontrent que l'essence de l'hétérodoxie est l'idée panthéiste (1). La dialectique de Luther, de Zwingle, de Calvin, etc., aboutit irrésistiblement à cet axiome : Tout est Dieu et Dieu est tout. De là le serf-arbitre, la nécessité du mal, l'affranchissement de la loi morale, la certitude infaillible du salut, en un mot le fatalisme ; c'est-à-dire les cieux voilés, et l'homme

> Passant comme un troupeau, les yeux fixés à terre...

II

Nos affirmations pactiseraient-elles avec l'hyperbole? Exagérons-nous les tendances de l'hérésie et l'action sociale des Conciles? Qu'on décompose l'erreur qui provoqua la convocation de la première Assemblée œcuménique.

Arius construisit son système en combinant la philosophie de Platon avec celle de Philon. Le gnosticisme lui fournit, d'un autre côté, plusieurs de ses théories. Dieu, disait Arius, est entièrement caché en lui-même : c'est l'être abstrait des platoniciens. Tout ce qu'on peut dire de Dieu, c'est qu'il existe. Il ne faut pas confondre les essences de Dieu avec ses propriétés. Les propriétés ne

---

(1) Zwingle professa le panthéisme, puisque, dans le *Traité de la Providence,* on lit : Creata dicitur, cum omnis virtus numinis virtus sit, nec enim quidquam est quod non ex illo, in illo et per illud, imo illud sit, creata virtus dicitur eo quod in novo subjecto et nova specie universalis aut generalis ipsa virtus exhibetur. « Il ajoute : » Cum autem infinitum *quod res est,* ideo dicatur quod essentia et existentia infinitum sit, jam constat extra infinitum *hoc esse nullum* esse posse... Cùm igitur unum ac solum infinitum sit, necesse est propter hoc nihil esse.

sont pas sa nature, elles ne sont que des rapports de Dieu avec le monde, des espèces de révélations. Dieu lui-même ne pouvait pas créer le monde; car, dès l'instant où il serait créé, le monde fini rentrerait dans le néant en présence de la majesté divine dont il ne pourrait supporter l'éclat. Entre le monde et Dieu l'intervention d'un être intermédiaire était indispensable. Cet être, chargé à la fois de créer le monde et de le racheter, n'a rien de commun avec l'être divin. Il n'est que l'instrument dont Dieu s'est servi pour le créer, l'idée ou le plan du monde personnifié.

Il suit de là que le Fils de Dieu n'est pas véritablement le Verbe de Dieu. Le Verbe intérieur n'est point une personne, mais une énergie divine; c'est lui qui a produit le Verbe extérieur créateur du monde. Le Fils de Dieu n'est donc point consubstantiel à Dieu, il n'est pas vraiment Dieu, car s'il eût été Dieu, il n'aurait pu créer le monde. L'expression de Fils de Dieu ne doit pas s'entendre à la lettre. Le Verbe, continuaient les ariens, possède le libre arbitre; il a été créé avec la liberté de pécher et sa félicité actuelle est la récompense de ses vertus.

Saint Athanase n'eut pas de peine à faire toucher du doigt les contradictions et les absurdités de cette hérésie. Mais ce n'était pas tout. Il prouva que ses fauteurs apostasiaient formellement le Christianisme.

Qu'est venu faire Jésus-Christ sur la terre? Réconcilier Dieu et l'homme. Or, les ariens interdisent cette union en séparant Dieu d'avec l'homme et en imaginant un intermédiaire fini. Puisque ce Verbe créé, cet intermédiaire inéternel, a dû se racheter lui-même, comment pourrait-il avoir un mérite infini, sauver et racheter les hommes?

Ainsi, l'arianisme rétablissait entre Dieu et les créatures l'*hiatus* creusé par le paganisme. La foule ne s'y trompa point. Encore tout imprégnée des traditions polythéistes, elle accueillit avec faveur ce retour à la métaphysique païenne. « Depuis Constantin, écrit Mœhler, une multitude prodigieuse, n'ayant que le dehors du Christianisme, était entrée dans le sein de l'Église. Les fidèles étaient étrangement mêlés. La plèbe avait rabaissé le Fils de Dieu à son propre niveau et afin qu'il répondît à la bassesse de ses conceptions. On était retombé dans le polythéisme, car les ariens parlaient sans cesse d'un premier et d'un second Dieu, d'un premier et d'un second principe. »

La corruption morale de l'époque favorisant cette altération de croyance, à quelle misère, et à quelles turpitudes ne fût pas descendu le monde, si le Concile de Nicée n'avait sauvegardé, contre Arius, le patrimoine inaliénable de l'humanité ? On peut dire qu'en triomphant de cette redoutable crise, les Pères de Nicée furent, après les apôtres, les initiateurs de l'Incarnation du Christ dans la vie des peuples. La terre fut, par leurs mains, réintégrée dans son orbite. Ils renouèrent l'hymen du Christ et de l'Église. On voit donc que l'adoption du terme de consubstantiel, ὁμοούσιος, pour exprimer l'identité du Père et du Fils intéressait toutes les consciences. Ce n'était pas une querelle d'école, ainsi qu'ont voulu le dire de prétendus philosophes, c'était la Rédemption, c'était l'avenir du monde qui s'agitait dans les délibérations des Pères.

Nous pourrions assigner le même rôle à toutes les assemblées œcuméniques. Quand elles se réunissent, approfondissez leur débats : c'est toujours l'idéal humain qui est mis en cause. Voyons encore le Concile d'Ephèse : L'union du Verbe avec la nature humaine n'est pas hypostatique, disait Nestorius, elle est morale. Il y a juxtaposition de deux personnes, l'une divine, l'autre humaine, ayant chacune droit à l'adoration de l'homme. Que devenait, dans cette doctrine, l'impeccabilité absolue du Rédempteur ? Elle était détruite et la Rédemption supprimée. Si Jésus-Christ n'est pas Dieu proprement dit, mais le temple de la Divinité, quelque soit son obéissance, il n'est pas capable de nous racheter. Jamais les actions de grâces les plus intenses de la plus parfaite créature ne seront adéquates à la majesté du Créateur.

III

Que, des cimes métaphysiques, on descende aux applications pratiques de la haute et de la vraie théologie, on verra comme elles furent fécondes et rénovatrices. L'Incarnation arienne, c'était la stagnation de l'humanité. Aussi Nicée fulmina contre Arius l'anathème. Non ! — disons-le avec les Pères, — le Verbe n'était pas qu'une simple énergie de Dieu ; j'en atteste les frémissements sublimes qui ébranlèrent le monde dès que le voile du temple se déchira. L'Incarnation du Verbe fut l'assomption du genre humain. Vers le Christ, monte, d'âge en âge, une spirale de martyrs et de deshérités. Le Juste, en mourant sur la Croix, y souffrit les angoisses de tous les misérables ; son âme fut labourée de leurs sanglots, et sa chair convulsée par leurs tortures. Mais à la même heure, s'écroulaient toutes les tyrannies. Le Désiré des Nations venait de mourir pour faire renaître tous les peuples. L'esclave, courbé sur la glèbe, sentait, pour la première fois, un souffle passer sur son front comme la fraîche haleine des siècles à venir. Le Christ descellait la pierre de son sépulcre ; l'ère s'ouvrait de l'affranchissemement social.

Maintenant que cette ère est commencée, aujourd'hui que les tombeaux se dépeuplent, on voit une chose monstrueuse : les ressuscités nient leur résurrection ; les affranchis méconnaissent leur Libérateur !

IV

Allons à ces pauvres insensés, et, puisque les paroles les plus émues tombent sur leur cœur comme la semence sur la pierre du chemin, essayons des arguments arithmétiques.

D'abord, on nous récuse l'honneur de l'émancipation

initiale : les esclaves ne nous devraient point leur délivrance. Il existé pourtant quelque part un volumineux
recueil, où se trouve écrite tout entière la charté de
leur liberté. C'est la collection encyclopédique des Conciles. Qu'en font nos contradicteurs? En ont-ils biffé les
canons dogmatiques et disciplinaires? Mais ils savent
bien qu'on recomposerait, en les essaimant, la Déclara-
tion des Droits de l'Homme.

Pour être brefs, négligeons tous les conciles exotéri-
ques; n'invoquons ni les synodes de Carthage, ni les
vastes assemblées de l'Orient. Voyons la France :

Dès l'an 650, un Concile tenu à Châlons, dans lequel
siégeaient quarante quatre évêques, défend de vendre les
esclaves chrétiens pour des lieux situés en dehors des li-
mites du royaume de Clovis, dans la crainte qu'ils ne
tombent sous la puissance des Juifs (1), de sorte que le
souci du salut des esclaves provoque des dispositions qui
mitigent leur condition terrestre.

Un écrivain libre penseur a fort doctement établi, dans
une étude spéciale, cette vérité : que l'Eglise, réprouvant
l'esclavage, lui a, dès la monarchie franque, substitué le
colonat. Le droit canon décreté par les Conciles com-
battit de la manière la plus féconde la législation impériale contraire à la liberté, et si la France semble prédes-
tinée à conduire les peuples dans la voie du progrès li-
béral, elle l'a dû, non-seulement aux généreuses impul-
sions de son caractère, mais surtout « à la suprématie
plus assurée de l'Eglise (2). »

Parlerons-nous de l'Angleterre? Le célèbre et honnête
Macaulay reconnaît lui-même que l'Eglise catholique
avait, avant la Réforme, accompli dans l'île l'œuvre de
l'émancipation des esclaves.

Il nous serait facile de grouper beaucoup d'aveux analogues.

(1) Voir les *Conciles généraux et particuliers*, par M. l'abbé
Guérin. Page 531.

(2) *Histoire des classes rurales en France*, par M. Henri Do-
niol, liv. 1er ch. II, § 1, p. 12, 13.

Ils sont, aujourd'hui, d'autant moins rares et d'autant plus péremptoires, que les sciences historiques sont plus florissantes. Le catholicisme s'élève et monte avec elles; à leurs progrès correspondent ceux de notre apologétique.

En voulez-vous la preuve? Voulez-vous savoir combien de serfs, combien de captifs ont été rachetés par les Ordres que fondèrent les Conciles et les Papes? Méditez ces quelques chiffres :

Les serfs : soixante millions d'attachés à la glèbe ont été rendus à la liberté. Les captifs : l'Ordre des Trinitaires en a délivré 900,000, l'Ordre de la Merci, 500,000. Total : 1,400,000. Et au prix de quels sacrifices héroïques! Il y a eu des rachats, entre autres celui de l'immortel auteur de *Don Quichotte*, Cervantès, qui ont coûté jusqu'à 25,000 livres aux Pères de la Merci. Le regretté Mgr Pavy, évêque d'Alger, a calculé que la délivrance de ce million et demi d'esclaves a dû s'élever à la somme énorme de *huit milliards quatre cent millions* (1).

Et le travail n'a-t-il pas été réhabilité par l'Eglise? Voici en quels termes un témoin peu suspect, M. Michelet, fait ressortir l'influence de la vie des Bénédictins sur la réhabilitation du travail : « L'Ordre de Saint-Benoît donna au monde ancien, usé par l'esclavage, le premier exemple du travail accompli par des mains libres. Pour la première fois, le citoyen humilié par la ruine de la cité, abaisse ses regards sur cette terre qu'il avait méprisée. Il se souvient du travail ordonné au commencement du monde dans l'arrêt porté sur Adam. Cette grande innovation du travail libre et volontaire sera la base de l'existence moderne. »

Pour parler dignement de l'émancipation intellectuelle entreprise et réalisée par ces augustes Congrès, il faudrait plusieurs in-folio. Aussi bien, cette thèse peut être négligée. Il y a longtemps que les convictions de toutes

(1) Voir le *Mémorial catholique*, livraison de juillet 1868, article de M. F. Boissin.

les intelligences honnêtes sont fixées à cet égard. La haine seule peut semer sur ce terrain des ténèbres calculées.

V

Ce que l'Eglise a fait pour l'esclave, elle l'a fait pour le citoyen et pour les peuples. La paroisse, cette molécule du diocèse, engendra la commune. L'intervention des évêques et des moines (1) porta de terribles coups à la féodalité, brisa les despotismes locaux, et initia l'Europe au régime municipal. Dès la fin du dixième siècle, les Conciles provinciaux de France abritaient sous la protection de leurs décrets le patrimoine des pauvres et fulminaient des anathèmes contre les rapines des gens de guerre. Les premières associations datent de cette époque. Pour se défendre contre les brigandages des grands, les villes organisèrent, sous le patronage du clergé, des corps municipaux. Les citoyens se rendaient à la grande église du lieu, et là, sur les Evangiles et les Reliques des saints, juraient de maintenir leurs franchises et de résister aux violences des seigneurs.

Synchronisme remarquable et qui n'a pas été suffisamment signalé ! La date du Concile œcuménique de Latran (1123) coïncide avec celle des premières fondations communales... Expliquons cette coïncidence qui n'est nullement fortuite, mais qui dérive d'un ensemble de lois antérieures, édictées par les synodes provinciaux.

Sous le régime de la féodalité, les guerres privées de seigneur à seigneur étaient un droit reconnu, un moyen légal de redresser un tort dont l'auteur refusait la réparation. Aussi, la France, mal constituée et presque démembrée, ne vivait plus, au dixième siècle, que par des

____

(1) Saint Bernard et les Cisterciens, surtout lorsqu'ils firent l'abandon de leurs droits de haute et basse justice, de battre monnaie, de moulin, etc., etc. Voir les *Analecta juris Pontificii*.

passions qui s'entrelaçaient d'une étreinte convulsive et opiniâtre. Les évêques essayèrent de remédier à cette anarchie chronique. Le signal partit, dès l'an 989, du Concile de Poitiers où les prélats d'Aquitaine délibéraient (1). « Que celui, dirent les Pères, qui fait effraction dans l'église et en emporte quelque chose de force soit anathème ! Anathème soit encore à celui qui dérobe aux cultivateurs et aux pauvres leurs moutons, leurs bœufs, leurs ustensiles ! »

Un demi-siècle plus tard, un Concile rassemblé à Limoges maudit les chevaliers violateurs de la trève, et avec eux leurs auxiliaires, leurs armes et même leurs chevaux. Sans désemparer, le clergé, profitant de l'émotion générale, réunit dans une église les prêtres, les seigneurs et le peuple ; et toute l'assistance, ébranlée, jure solennellement de faire désormais décider ses querelles par les voies pacifiques du droit. Un évêque voulut même engager la population par serment à ne plus porter d'armes, à ne plus réclamer les objets volés, à ne plus tirer vengeance des insultes et à pardonner aux persécuteurs.

On fit mieux encore : ne pouvant désarmer les seigneurs, on arma contre eux de pieuses confréries qui jurèrent de guerroyer contre les ennemis de la paix. Cette croisade aboutit malheureusement à une cruelle défaite : sept cents ligueurs de la paix restèrent sur le champ de bataille. De française, la trève de Dieu se fit européenne. Mais, à cette époque, pour qu'une institution devînt universelle, il lui fallait le baptême de la papauté. Ce fut Urbain II qui le donna, au Concile de Clermont. Il arracha la guerre du sol chrétien pour l'envoyer aux barbares asiatiques.

Dès lors, la trève eut ses règlements inflexibles : tout le

_____

(1) C'est à tort que presque toutes les Collections de Conciles font du synode d'Elne, en Roussillon, le promoteur de la Trève de Dieu. C'est reculer de trente-huit années l'initiative de cette grande mesure.

monde les a lus dans Ducange (1). Une lettre d'Yves de Chartres nous parle d'un tribunal spécial chargé de juger les infractions à la paix. Les Actes des Conciles désignent les juges sous le nom de *paciarii*. Un synode de Montpellier menaça d'excommunication tous ceux qui refuseraient de se présenter devant le tribunal. Enfin, à Rodez, les mêmes inspirations suscitèrent une corporation d'un nouveau genre. C'était, en propres termes, une Assurance mutuelle contre la guerre. Les fidèles enflammés d'un saint enthousiasme, créèrent une caisse commune pour rechercher les déprédateurs et indemniser leurs victimes.

L'élan était donné; les germes de la commune sommeillaient au fond de ces associations urbaines. Qui les dispersa dans le monde et les fit éclore? Un Concile œcuménique présidé par un Pape.

En 1123, le Concile de Latran, sous le pape Calixte II, vint confirmer en ces termes l'œuvre de pacification entreprise par les synodes provinciaux : « Tout ce qui a été établi par nos prédécesseurs, les pontifes romains, sur la Paix et la Trève de Dieu, nous le confirmons par l'autorité du Saint-Esprit. » Lorsque cette œuvre reçut une sanction si haute et si solennelle, la révolution communale, jusque-là contenue, fit aussitôt explosion (2). Les seigneurs n'osèrent plus braver les anathèmes; leurs vassaux, désormais fermement protégés, invoquèrent des droits nouveaux; les évêques établirent entre les bourgeois un concert et une solidarité qui fondèrent leur autonomie. D'accidentelles, les associations de la paix devinrent permanentes. Instituées pour la protection des pauvres et des petits, elles se transforment plus tard en associations communales, dont chaque membre s'oblige à maintenir les coutumes et les droits.

(1) V. *La Somme des Conciles* de l'abbé Guyot. T. II, p. 13-15, Cette question est fort bien résumée.

(2) Nous ne parlons ici que du premier concile de Latran. Le deuxième, à la sollicitation de Grégoire VIII, anathématisa l'arbalète, comme une « arme trop meurtrière. »

La commune, issue des Conciles engendre à son tour les grandes assemblées délibérantes, Diètes en Allemagne, Etats-Généraux en France, Parlements en Angleterre (1).

VI

Franchissons-nous les Pyrénées, nous verrons, là aussi, les Conciles présidant à l'émancipation des classes inférieures, à la renaissance des communes et à l'autonomie nationale. On peut dire que les Conciles de Tolède promulguèrent le Code des libertés espagnoles. Ils imprimèrent à sa législation civile et religieuse un caractère d'indépendance et de vigueur qui ne permet pas de confondre avec les autres constitutions européennes. C'est l'application la plus sincère du gouvernement représentatif. Ce que tous les peuples modernes attendent et appellent de leurs vœux, la péninsule ibérique le possédait alors. Au sommet de la nation, véritable Assemblée constituante, dominait le Concile. Élus par lui, les rois visigoths étaient tenus d'obtempérer à ses canons, et lorsqu'ils montaient sur le trône, juraient fidélité, sur les Évangiles, au pacte fondamental. Une transgression les vouait à l'anathème et provoquait leur déchéance.

Nos lecteurs nous sauront gré de reproduire le discours des Pères de Tolède au roi Sisénand ; il est plein de grandeur : « Vous, prince, ici présent, lui dirent les Pères, nous vous conjurons, et les rois des âges à venir, avec tout le respect que nous vous devons, de vous montrer doux et modéré envers vos sujets, de gouverner avec justice et piété les peuples que Dieu vous à confiés, et de vous acquitter ainsi envers Jésus-Christ qui vous a faits rois. *Que nul d'entre vous ne prononce seul dans les causes qui intéressent la vie ou la propriété ; mais que le*

______

(1) V. la remarquable *Introduction de l'Histoire contemporaine*, par M. Graucolas. Paris, Furne.

crime des accusés soit constaté dans une séance publique, en présence des gouverneurs. Gardez la modération dans les peines que vous infligez et que l'indulgence plutôt que la sévérité dicte vos arrêts, afin que, sous votre heureuse administration les rois soient contents des peuples, les peuples des rois, et Dieu content des uns et des autres. Quant aux rois futurs, voici la sentence que nous prononçons : Si quelqu'un d'entre eux s'élevant au-dessus des lois par l'orgueil d'un despote, souillé de sang et d'infamie, exerce sur les peuples une puissance tyrannyque, qu'il soit frappé d'anathème par Notre-Seigneur Jésus-Christ, séparé et réprouvé de Dieu (1). »

Les Cortès espagnoles, créées par les conciles de Tolède, ne furent pas indignes de ces nobles maîtres. Elles gouvernèrent la péninsule, pendant le moyen âge, avec une énergie et une vigueur qui dictèrent au froid Montesquieu ces paroles d'admiration : « La liberté civile des peuples, les prérogatives de la noblesse et du clergé, la puissance des rois, se trouvaient dans un tel concert, que je ne crois pas qu'il y ait eu sur la terre de gouvernement si bien tempéré que ne le fut chaque partie de l'Espagne dans le temps qu'il y subsista (2). » Veut-on un autre témoignage, celui de l'Anglais Robertson? A son avis, « les Espagnols avaient plus d'idées libérales et plus de respect pour leurs propres droits, leurs immunités et leurs opinions sur la forme du gouvernement municipal et provincial que généralement toutes les autres nations, de même que leurs vues politiques avaient une étendue à laquelle les Anglais eux-mêmes ne parvinrent que plus d'un demi-siècle après. »

(1) V. *La Somme des Conciles* ; par l'abbé Guyot. T. I. pages 370-71.

(2) *Esprit des lois.* Tout le monde sait par cœur les fières paroles que le grand justicier du royaume d'Aragon adressait au roi, le jour de son avénement. « Nous qui, seuls, valons autant que toi, et qui, réunis, valons davantage, nous te faisons roi et seigneur, à condition que tu gardes nos libertés et priviléges ; sinon, non ! »

VII

L'aversion de l'arbitraire a toujours caractérisé les canons des Conciles. C'est ce qui faisait dire à M. Edgard Quinet que « ceux qui veulent extirper le principe du Christianisme n'y réussiront point, car il a fondé la grandeur et l'indépendance de la personne. » Il n'est donc pas étonnant, que l'Espagne, fondée par les Pères de Tolède, n'ait jamais laissé prescrire leurs traditions libérales. Les assemblées de Tolède, elles-mêmes, en respectant les formes représentatives, restaient dans le courant traditionnel.

Les apôtres, en effet, tinrent sept Conciles. Un exemple parti de si haut exerça la plus grande influence sur l'avenir. Il faut voir avec quelle insistance, les Pères du cinquième Concile général font ressortir la sagesse et la modération de cette conduite, et montrent quels devoirs ce précédent impose à leurs successeurs :

« Bien que la grâce de l'Esprit-Saint, disent-ils, fût tellement abondante en chacun des apôtres, qu'ils n'avaient besoin d'aucun conseil étranger pour connaître ce qui était à faire, quand on vint à soulever la question de savoir s'il fallait circoncire les Gentils, ils ne voulurent rien définir avant de s'être réunis en commun, et avant que chacun eût donné son avis, en le confirmant par le témoignage des saintes Ecritures. »

Et lorsque les Conciles délibèrent, quelle délicatesse, quelle mansuétude, quels sages tempéraments ! Des égarés se révoltent-t-ils contre quelques dogmes ? L'Eglise ne prononce pas contre eux une condamnation aveugle et brutale. Elle appelle à sa barre Photius, Paul de Samosate, Roscelin, Abélard, Gilbert de la Porée. Elle les fait interroger par leurs évêques, par leurs amis, par ceux-là mêmes qui sont les plus capables de connaître toutes les circonstances atténuantes et de les faire intervenir dans la cause.

Rien n'est touchant comme ce respect des consciences,

comme cette vigilante sollicitude. L'Eglise, même avec les plus coupables, n'oublie jamais qu'elle est mère.

VIII

Le quatrième Concile de Latran fut fidèle à ces sages principes lorsqu'il réorganisa la procédure criminelle ecclésiastique, destinée à servir de modèle à la procédure criminelle séculière. L'enquête devait être contradictoire, c'est-à-dire faite en présence du prévenu. On devait communiquer à celui-ci les chefs de l'accusation, afin qu'il pût s'en défendre, les noms et les dépositions des témoins pour qu'il y répondit et fît connaître les causes d'inimitié que certains d'entre eux auraient contre lui. Le même concile institua auprès de tous les tribunaux des greffiers pour écrire les actes des procès et les communiquer aux parties. Enfin il défendit d'en appeler à un tribunal supérieur avant que le tribunal saisi eût prononcé. Ces principes semblent élémentaires aujourd'hui. Mais ils étaient alors un immense bienfait que nous devons à l'Eglise. L'usage nous les a rendus si familiers que nous en avons oublié l'origine.

Enfin, le droit civil fut également l'objet des prescriptions du Concile. La prescription fut réglementée. La bonne foi en fut déclarée l'élément nécessaire. Le vice de la violence et de la fraude fut étendu de l'usurpateur originaire à ses successeurs.

Les trois conciles qui suivirent celui de Latran et furent tenus à Lyon en 1245 et en 1274, puis à Vienne en 1311, continuèrent son œuvre. Nous n'entrerons pas dans le détail des points de discipline qu'ils réglèrent. Les conciles eurent pour principale utilité de préparer l'unité de législation dans l'Église. Six cents ans avant la Révolution française, l'Église avait senti la nécessité d'une loi codifiée. Cette codification, les conciles la préparèrent, les Papes l'accomplirent, le *Corpus juris Canonici* en fut l'expression. Pie IV, au concile de Trente, compléta cette œuvre en proclamant le grand principe de droit moderne, que la coutume ne prévaut pas contre la loi écrite : cette dérogation de l'usage au texte est un moyen de développement pour les législations qui se forment : mais elles serait le plus puissant dissolvant des lois parvenues à un certain degré de perfection.

Loi écrite, codifiée, déclarée supérieure aux coutumes, tribunal perpétuel chargé d'en assurer le maintien, tels sont les grands principes sur lesquels repose l'organisation de nos États modernes. La révolution de 1789 se fait gloire de les avoir donnés à la France. Il y a trois à quatre cents ans qu'ils sont appliqués dans l'Église (1).

IX

La même révolution ne nous a pas révélé davantage les vrais principes de la science politique. C'est encore un de ces anachronismes que la science rigoureuse ne doit point légitimer. Avant la prise de la Bastille, la grande théologie du moyen âge avait trouvé les formules des constitutions modernes.

Pour cela, les docteurs n'avaient eu besoin que d'emprunter aux Conciles et à l'Église les principes qui régissaient leur organisation intérieure. La pondération des pouvoirs, les sages maximes de gouvernement mixte, d'autorité limitée, d'élection, de corps délibérant, avaient passé des Conciles dans les instituts monastiques. Les chapitres d'Ordres étaient des Parlements embryonnaires. Partout, de vigoureuses garanties tempéraient le pouvoir absolu : les théologiens n'eurent donc pas de peine à tirer de là un régime protecteur des libertés nationales. Ils déterminèrent les bornes de l'autorité monarchique et proclamèrent parallèlement les droits des individus. Ce fut un système très-efficace d'autonomies équilibrées. Le roi féodal n'était en général que le plus puissant possesseur de fiefs. Hors de sa terre, il rencontrait des

____

(1) V. la *Revue du Monde catholique*, du 25 juillet 1868.

corps sociaux indépendants, Églises, ordres monastiques, corporations industrielles, armées de droits similaires. Violait-il le pacte social, il justifiait par cela même l'insurrection de ses vassaux. « Si le peuple a le droit de se pourvoir lui-même d'un chef, » avait dit saint Thomas, « il a aussi celui de le renverser ou de refréner sa puissance, s'il abuse tyranniquement de l'autorité suprême (1). » Suarez tient le même langage : « Si le gouvernement devient tyrannique en abusant du pouvoir pour faire manifestement la ruine de la communauté, le peuple est libre d'user du droit naturel de se défendre ; jamais il ne se dépouille de ce droit (2). »

Ce fut la Réforme qui vint altérer les principes fondamentaux du droit public en Europe. Avant elle, tous les docteurs catholiques faisaient résider le pouvoir dans la multitude :

« De droit naturel, et conséquemment de droit divin, la souveraineté existe, non dans aucune race particulière, mais dans la collection des hommes (3). » — « La souveraineté ordinaire n'appartient, de droit divin comme de de droit naturel, qu'au père dans la famille et seulement sur ses enfants non parvenus à l'âge de l'émancipation. Il est même vrai de dire avec saint Augustin, que Dieu n'a donné expressément pouvoir à Adam que sur les animaux, non sur les générations qui sortent de lui. *Non dixit Deus : Faciamus hominem ut præsit hominibus, sed cæteris animantibus (4).* » M. Charles de Rémusat n'hésite pas à reconnaître qu'on doit à l'école théologique la conservation de ces nobles maximes (5). M. E. Renan fait également honneur au moyen âge de n'avoir jamais admis que le droit des individus (6). La *raison d'État*, le droit divin des rois furent arborés par des princes hétérodoxes ou récalcitrants, comme Philippe le Bel, Frédéric Barberousse, Henri V, etc. Les légistes trempèrent dans

(1) *De regim princ.* liv. I. ch. VI. (2) *Defensio fidei catholicæ.* liv. III. ch. III. (3) Bellarmin, *De Laicis,* I II, 6. (4) Suarez. *De Legibus,* III, 2. (5) *Revue des Deux-Mondes.* T. XI, 1er sept. 1857. P. 63. (6) *Ibid.* T. XVI. 1er août 1858.

cette conspiration du césarisme contre le droit chrétien. Un d'eux, Martin Gosia, ne craignit pas d'établir que l'empereur est non-seulement maître de tout le monde, mais encore de toutes les fortunes des particuliers. On ne doit donc pas s'étonner si Frédéric II, nourri de ces estimables leçons, écrivait à ses cousins d'Angleterre et de France : « Ne trouvez-vous pas, comme moi, indécent, qu'un roi soit jugé par un Concile ? »

L'assemblée gallicane de 1682 eut le tort de donner à l'autorité royale une consécration presque aussi scandaleuse. L'Église tout entière en fut alarmée; c'était la ruine de son droit séculaire, c'était l'introduction dans la Chrétienté du despotisme asiatique. Cela est si vrai, que le pontife contemporain, ne voulant pas laisser se consommer silencieusement cette usurpation inouïe, fit colliger par le dominicain Roccaberti les dissertations des théologiens les plus célèbres sur le caractère et la génèse du pouvoir. Suarez, Bellarmin, Sfondrate, Dominicus à Saint-Thomas, qui écrivit contre Jacques Stuart, le Théatin Veranus, Soto, Cajetan etc., y représentèrent la doctrine traditionnelle, telle que l'ont défendue les Conciles et les papes. C'est dans ce recueil, dont les *Analecta* ont publié de nombreux extraits (1), que nous avons puisé presque tous nos textes.

Mais avant de les connaître, nous savions que l'Église n'a jamais voulu pactiser avec le césarisme. L'histoire nous avait suffisamment édifié à cet égard. N'est-ce pas un pape, n'est-ce pas Grégoire I", appelé si justement par Gibbon le Père de la patrie, qui écrivait à l'empereur Phocas : « ... Souvenez-vous que vous êtes de la même nature que vos sujets, tenez-vous bien à Jésus-Christ et ne vous glorifiez pas tant de régner sur les hommes que de faire régner Jésus-Christ sur vous. »

N'est-ce pas un autre Grégoire, Grégoire VII, qui écri-

____

(1) *Analecta juris Pontificii*, 78ᵉ et 79ᵉ livrais.

vait au roi de France : « Nous vous défendons, par l'autorité apostolique, d'apporter aucun obstacle à l'élection que le peuple et le clergé de Reims doivent faire d'un archevêque » et qui, les droits du peuple violés, mettait le royaume en interdit?

Enfin, n'est-ce pas le même pontife qui rappelait si vigoureusement les rois à leur origine : « Quis nesciat reges et duces ab iis habuisse principium qui, Deum ignorantes, superbiâ, rapinis, perfidiâ, homicidiis, postremò universis penè sceleribus, mundi principe Diabolo videlicet agitante, super pares, scilicet homines dominari cæcâ cupiditate et intolerabili præsumptione affectaverunt (1)? »

Non! l'époque qui posséda de tels hommes ne fut pas une époque de barbarie et de servitude! Non! une Eglise où fleurirent d'aussi grands pontifes ne se rallia jamais au despotisme et n'embastilla jamais la liberté! Et quand l'école libérale flétrit le moyen âge, disons avec M. Renan, qu'elle « le calomnie »! Si l'Eglise façonnait encore toutes les âmes contemporaines, l'Europe, à chaque défaite du Droit, ne verrait plus passer avec la même indifférence la toge palmée et le laticlave des triomphateurs !...

X

Nous avons essayé d'esquisser l'action sociale des Conciles, en y rattachant la collaboration permanente des pontifes, des évêques et des docteurs. Quelles sont, en définitive, leurs œuvres? Elles peuvent se traduire par un seul mot : « Affranchissement. » Émancipation politique, intellectuelle, morale et sociale de l'Humanité; voilà ce que poursuit l'Église à travers les siècles. Elle veut donner à tous la plénitude de la vie! Car « un être est réputé vivre », comme le dit saint Thomas, « selon

____

(1) L. VIII. Epist. 21. V. *Théocratie et Diabolocraties,* par M. Laverdant.

qu'il opère par lui-même sans être mû par un autre; donc, plus il jouit parfaitement de cette prérogative, plus aussi parfaitement la vie se trouve en lui (1). » Spontanéité morale, *self-government*, tel est le don que l'Église brûle de faire à l'homme. Pourquoi ? Ici nous touchons à la théologie. Dans le monde, certains hommes se constituent eux-mêmes des centres d'attraction vers lesquels ils font converger leurs semblables. Eh bien! l'Église interdit cette passivité. A tous, elle restitue la possession de soi-même; et, puisque la fin de l'âme humaine est de s'élever, de monter, elle ordonne et rectifie cette ascension. L'homme ne gravitera plus vers l'homme, il gravitera vers Dieu. Les arrêts canoniques, les dogmes des Conciles ne sont que les manifestations disséminées, mais éclatantes, de ce sublime labeur. Cette grande pensée fermente dans tous les synodes. Ce qu'ils cherchent, c'est l'application progressive du Christianisme à la vie sociale; c'est l'union de Dieu et de l'humanité dans une seule hypostase, *ut homo ex æquo agere cum Deo posset* (Tertullien). Aux rêveurs qui parlent d'éclosions laborieuses, d'aubes blanchissantes, d'idéal de l'avenir encore inaperçu, l'Église montre le Verbe incarné. Voilà l'idéal qu'il faut traduire dans la vie des fidèles.

Vous demandez que l'humanité ne soit plus retenue dans les limbes ? Incorporez l'humanité au Christ, infiltrez dans toutes les veines du corps social le sang qui coule, depuis dix-huit siècles, du Golgotha! La coordination de toutes les aptitudes, la synthèse harmonique de toutes les fonctions sociales ne seront plus des problèmes ajournés. C'est alors qu'émergera du ciel, dans toute sa plénitude, la liberté de l'esprit intérieur et vivant.

XI

La création, qui est issue du sein de Dieu et qui s'était égarée dans l'iniquité, dit saint Thomas, rentrera, par

(1) S. T. p. i. q. xviii, a. iii.

l'intermédiaire du Verbe incarné, dans le sein du Père, et ainsi sera terminée la grande circulation de toute chose. Mais pour hâter cette grande révolution, le Concile devra-t-il promulguer des dogmes nouveaux? Telle n'a jamais été la mission de ces assemblées.

« L'Eglise, dit saint Vincent de Lérins, a seulement voulu que les décrets de ses Conciles servissent à faire croire plus fortement ce que l'on croyait déjà avec plus de simplicité, à publier avec plus de solennité ce qui déjà était prêché avec une confiance sans examen. Elle a réuni ses Conciles pour revêtir d'une sanction plus authentique les vérités de la foi qu'elle avait reçues de la tradition, et par ce moyen les répandre dans toutes les parties de l'univers, en réduisant à de courtes expressions les points de sa croyance, qu'elle expliquait par des termes nouveaux, qui en présentassent la substance, jamais en introduisant de nouveaux dogmes.

« La chose étant ainsi, continue le saint docteur, je ne peux assez m'étonner de la folie de certains hommes, de l'impiété et de l'aveuglement de leur esprit, de leur passion pour l'erreur, qui les portent à ne se point contenter de la foi qui a été donnée une fois et acceptée anciennement; il leur faut ajouter du nouveau et encore du nouveau; ils veulent sans cesse ajouter, changer, retrancher quelque chose à la religion, comme si le dogme céleste qui a été révélé une fois ne leur suffisait pas, comme si le dogme était une invention humaine qui ne puisse arriver à la perfection que par des modifications et même des corrections continuelles. Les oracles divins leur crient cependant : « *Ne passe pas les bornes que tes pères ont posées (Prov., XXII). Ne prononce pas contre ton juge (Ecclis. VIII). Celui qui dévaste la haie sera mordu par le serpent (Ecclis. X).* Et cette parole apostolique, par laquelle, comme par un glaive spirituel, toutes les criminelles nouveautés de tous les hérétiques ont été et seront toujours coupées : *O Timothée, garde le dépôt, évitant les profanes nouveautés de paroles et les oppositions d'une science fausse et seulement apparente, dont les promesses ont fait perdre la foi à plusieurs* (*I ad Timoth.*, VI, 20, 21). Et c'est après de telles paroles que l'on rencontre des gens qui ont la tête assez dure, une obstination et une pertinacité assez indomptables, pour ne pas être écrasés sous ces mots tombés du ciel, broyés par ce poids accablant, brisés par ce marteau, terrassés par cette foudre : *Évite*, dit-il, *les profanes nouveautés de paroles !* Il ne dit pas les choses antiques, il montre au contraire, que c'est à elles qu'il faut s'attacher. En effet, s'il faut éviter la nouveauté, il faut suivre l'antiquité. »

Cette règle est si inflexible que Jean Major a pu dire: « Il n'est pas moins hérétique d'assurer qu'une chose est de foi, quand elle n'en est pas, que de nier une chose qui est de foi. »

XII

Mais, dira-t-on, l'Eglise affirme donc l'immobilisme?

Elle veut donc rester immuable, toute l'éternité, sur l'escabeau de David?

Saint Vincent de Lérins a bien prévu l'objection, et voici comme il y répond :

« Quelqu'un dira peut-être : Ne peut-il y avoir aucun progrès religieux dans l'Église du Christ? Qu'il y en ait un et un très-grand ! Quel est l'homme assez envieux et ennemi de Dieu pour l'empêcher? Mais il faut que ce soit un vrai progrès de la foi et non un changement. Il est de l'essence du progrès que l'objet s'accroisse en lui-même; le changement, au contraire, consiste dans la transmutation de cet objet en un autre. Qu'elles croissent donc et beaucoup, l'intelligence, la science, la sagesse de chacun et de tous, de l'homme et de l'Église entière, en raison des âges et des siècles, mais qu'elles restent dans leur nature, c'est-à-dire dans le même dogme, dans le même sens, dans le même sentiment.

« Que le développement des corps serve de modèle au progrès des âmes; ceux-ci, en grandissant avec les années, restent cependant les mêmes. Il y a une grande

différence entre la fleur de la jeunesse et la maturité de
a vieillesse; cependant ceux qui sont vieux sont les
mêmes qui ont été jeunes, et, quoique l'état et la
manière d'être soient différents, c'est toujours la même
nature et la même personne.

« Que le dogme de la religion suive ces lois de progrès;
qu'il se consolide avec les années, qu'il s'étende avec le
temps, qu'il grandisse avec l'âge; qu'il reste cependant
pur et inviolable, qu'il ne change pas et qu'il ne perde
rien de ce qui lui est propre, qu'il ne subisse aucun
changement dans la définition. Il est permis de soigner,
de limer, de polir les dogmes de la philosophie céleste,
mais c'est un crime de les changer, de les mutiler. Qu'on
les entoure d'évidence, de lumière, de clarté; mais il est
nécessaire qu'ils conservent leur plénitude, leur intégrité
leur essence. »

Vouloir transporter la mutabilité dans le dogme, ce
serait imiter la philosophie allemande qui met l'*infini du
devenir* dans l'essence infinie elle-même, dans l'Etre absolu, ce qui est le plus notoire de tous les paralogismes.
Notre idéal est en nous, c'est le Christ : *regnum Dei intrà
vos est.* Que devons-nous donc faire? Manifester le Christ
de plus en plus. Si Hegel et son école avaient placé l'infini du devenir dans le Verbe divin, dans l'idée du fini
qu'il contient dès l'éternité, ils auraient nettement conçu
les rapports, si cherchés, du fini et de l'infini. Ils auraient
compris le *processus* de l'humanité *devenant*, avançant toujours, par le cri du cœur et par l'élan de l'amour, dans
la Vérité. Ils auraient compris le dogme si sublime de
notre foi, le Corps du Christ devenant toujours, s'épa-
nouissant, se dilatant sans fin, c'est-à-dire communiant
avec toutes les intelligences et tous les cœurs (1).

XIII

Ainsi du dogme. Substantiellement, il est imperfectible.

(1) V. *De la Vie et de la Mort des Nations,* par l'abbé Gabriel,
curé de Saint-Merry. Introd.

Depuis le soleil de la Genèse, c'est le même qui rayonne sur tous les peuples et sur tous les âges (1). Ce que nous demandons, ce que sollicitent nos ardentes prières, c'est qu'il pénètre de plus en plus dans toutes les couches sociales, qu'il les échauffe et qu'il les éclaire. Et pour accroître cette divine intussusception du Christ, l'Eglise se retire-t-elle à l'écart, dans la paix des tombeaux? S'exile-t-elle de l'humanité? Non! l'Eglise s'en rapproche; elle assouplit sa discipline, et la met en harmonie avec les circonstances, les institutions et les peuples. « Qui ne sait, dit saint Augustin, que les statuts dressés par les premiers Conciles, sont souvent modifiés par les Conciles postérieurs, lorsque le temps manifeste ce qui ne se révèle que par l'expérience? »

L'*Univers*, il y a quelque temps, fortifiait les paroles de saint Augustin par ce commentaire significatif : « L'Eglise, qui est de tous les temps, de tous les lieux, n'est l'ennemie d'aucune époque ni d'aucune société; *elle est instituée pour le salut des hommes, et elle ne cherche constamment que leur plus grand bien... Amie par-dessus tout*

---

(1) « Créer de nouveaux courants ou détourner les premiers de leur direction, c'est, dit le P. A. Matignon, ce que l'Eglise ne fera point; sans sortir jamais de son domaine, qui est celui de la foi, elle se borne à redire aux fidèles ce que Dieu lui a fait entendre à elle-même.

« Non-seulement les sources de la vérité catholique ne reçoivent point d'accroissement, mais les croyances elles-mêmes ont été complètes dès l'origine.

« La plupart des théologiens scolastiques posent, après saint Thomas, cette question : Y a-t-il un progrès dans l'objet de la foi? En d'autres termes, la matière de notre croyance a-t-elle pris de l'extension dans la suite des siècles?

« Même en étendant le problème à toute la série des âges, c'est-à-dire en y comprenant les hommes qui ont vécu avant l'Evangile, saint Thomas (2. 2. q. 1. a. 7) soutient qu'on ne peut constater dans la foi des croyants aucun progrès substantiel, parce que *l'existence de Dieu et de sa providence, connue dès les premiers jours du monde, renferme implicitement tous les autres dogmes.* » (*Etudes Religieuses*, août 1868 p. 168.)

des âmes, et fidèle à sa mission divine, elle sait s'accomoder aux hommes et aux circonstances. Son immortalité l'élève au-dessus des temps; son universalité l'étend au delà des lieux. Assurée de la durée et de l'espace, assez grande pour contenir le monde entier, assez étendue pour embrasser tous les siècles, pleine de force et de vie, elle a de merveilleux moyens de se limiter aux hommes, afin de les ramasser tous dans son sein et de les tenir doucement dans ses étreintes maternelles. Petite avec les petits, douce avec les faibles, indulgente avec les ignorants, elle s'abaisse pour élever, elle s'approche pour guérir, elle embrasse pour ressusciter.

« Le prophète Élie, couvrant de son manteau le fils de la veuve de Sarepta qu'il veut ressusciter, est l'image prophétique de la conduite de l'Eglise qui sait toujours se proportionner merveilleusement à la faiblesse des peuples pour les conduire au salut. Voilà pourquoi l'Eglise n'est point *l'ennemie de la société moderne.* Mais au contraire, elle cherche à la sauver en allant à elle. La société moderne, affranchie, sécularisée, vit en dehors de l'Église; elle a des principes différents, d'autres idées et d'autres institutions. L'Eglise, pour cela, ne se sépare pas d'elle et ne la rejette pas de son sein (1). »

XIV

Tout le progrès social est donc en puissance dans le dogme catholique. Eh bien! c'est aux Conciles de le faire passer de la puissance à l'acte. Chaque assemblée est le signal d'un dégagement graduel des formules. Quand l'idéal s'éclipse ou s'abaisse, quand des aspirations terrestres désorientent et scindent les hommes, le Concile vient rendre à l'âme toute l'envergure de ses ailes et toute l'ampleur de son essor. L'Esprit de Dieu recommence à souffler sur cette mer stagnante, et la terre fécondée germe de nouveau le Sauveur. Et, loin de s'amoin-

____

(1) *Univers,* 5 août 1867.

drir, l'effusion de l'Esprit-Saint est plus abondante ; tous les jours le Royaume de Dieu se rapproche. Les Conciles sont les ailes de l'humanité : chaque coup d'aile est une invasion progressive de l'inattingible Infini.

Désespérer de la société contemporaine, c'est nier les énergies latentes qui s'emparent du monde et en soulèvent les profondeurs. Le Dieu Emmanuel est le Dieu du dix-neuvième siècle comme celui de nos pères. Que nous parle-t-on des hérésies ambiantes? De bien plus formidables ont été brisées par l'Église. « Les forces divines, dit admirablement le P. Gratry, résoudront les problèmes et triompheront des obstacles que la force des deux mondes créés : — nature, humanité — ne peuvent ni résoudre ni vaincre... La vie réelle de Dieu, plus abondante dans le cœur et dans l'esprit des hommes, entreprendra sur la nature et sur la société un nouvel ordre de conquêtes... Et ces nouvelles conquêtes éveillant de nouveaux désirs et de nouveaux besoins dans le cœur des enfants de Dieu, ne cessent d'accroître leur ambition, leur faim et leur soif de justice, leurs larmes et leurs douleurs sur les maux qui subsisteront, mort, maladie, défiance, ignorance et péché. Et dans cette ambition et cette douleur, les aînés et les plus avancés d'entre nous iront au Père, dans un nouveau réveil, lui porter des prières plus ardentes. Ils lui rappelleront l'incroyable grandeur des promesses : « Tout ce que vous demanderez au Père, en mon nom, vous l'obtiendrez. » — « Rien ne vous sera impossible. » — « Celui qui croit en moi fera les œuvres que je fais. Il en fera même de plus grandes. » — Ils rappelleront ces promesses et en obtiendront les effets.

« Ainsi le cercle du progrès se poursuivra toujours en s'élevant toujours. La terre ira toujours en s'approchant du ciel. Et je persiste à croire aux magnifiques paroles du cœur et du génie des saints : « Dieu nous ordonne », dit l'un des Pères du monde nouveau, « de faire de notre terre un ciel... » Un autre dit : « Si l'on demeurait dans

la loi, la république chrétienne ferait par sa félicité l'or-
nement de cette terre d'aujourd'hui, et la patrie des enfants de Dieu monterait peu à peu vers la vie éternelle,
pour y régner sans fin. »

« Grâce à Dieu, cette marche sacrée a déjà commencé
sous nos yeux (1). »

X V

Cette marche a commencé, dit avec raison le P. Gratry : l'éloquent Oratorien en atteste le progrès scientifique et industriel. Mais est-ce là tout le progrès? Ce n'en
est que le prodrôme. La terre, pour porter tous ses fruits,
attend la divine semence. C'est en apercevant tous ces
germes, que M. Louis Veuillot s'écriait, dans de magnifiques considérations sur le Concile :

« Nous ne craignons pas pour l'Avenir! Le *fiat lux* a
retenti ; une création va lentement sortir de cette mort.
Le même rameau qui fut planté à Nicée et qui donna tant
de fruits magnifiques, va être planté au Vatican par les
mêmes mains; l'arbre deviendra plus grand et plus fécond
encore et couvrira la terre.

« L'œuvre du moyen âge fut l'ébauche d'une pensée de
Dieu, que Dieu n'abandonnera pas, et le résultat d'une
attente du genre humain, à laquelle le genre humain ne
renoncera pas : *l'Unité, la Liberté dans l'Unité, l'Unité et
la Liberté par la Justice, la Justice possible et douce par la
Charité, et tous ces biens découlant de la Vérité* (2). »

Oui, découlant de cette Vérité qui nous rendra libres.
Car, ce n'est pas un César qui nous introduira dans la
Jérusalem nouvelle. « César », dit M. Louis Veuillot,
« ne porte pas la lumière; il n'a pas l'amour. » Ce n'est
pas non plus le progrès scientifique, ni la multiplication

(1) *La Morale et la loi de l'Histoire*. t. II, 377-79.
(2) *Univers* du 11 juillet 1868.

des forces naturelles. Conquérir ces forces et les faire servir à la transformation industrielle du globe, est une tâche glorieuse et nécessaire, mais stérile, tant qu'un réveil religieux et moral ne correspond pas à l'épanouissement de la science. Notre époque est essentiellement organique : elle a déjà fait émerger du chaos de nombreuses et vastes rénovations. Qui peut dire que le Concile de 1869 n'en déterminera pas une plus profonde, ne fera pas entrer le genre humain dans l'ère sociale évangélique ?

. La marche du monde est, à cette heure, entravée par des hommes qui veulent affranchir et synthétiser les âmes sans l'Évangile. Où n'irons-nous pas et quel vaste essor ne sera pas imprimé au monde, si les prêtres du Christ se font les tribuns du progrès social ?

L'unité du genre humain ne s'épanchera que de l'Évangile. Seule, cette grande figure du Christ, dressée sur le sommet du Calvaire, éclaire tous les siècles et attirera tous les peuples, *omnia traham ad me !*

Les Rois, au moyen âge, se liguèrent pour briser le centre prédestiné de cette synthèse; ils prétendirent même se substituer au Christ et, comme les immondes Césars de la Rome impériale, se faire les foyers de la gravitation humaine : Frédéric Barberousse se regardait si bien comme une incarnation du Dieu vivant qu'il nommait Pierre de la Vigne, son principal ministre, « le nouveau Pierre, la pierre angulaire de la nouvelle Eglise (1). »

(1) V. la *Revue des Deux-Mondes.* T. XXIII. p. 891, 898. *La Papauté et l'empire en Italie,* par M. Huillard-Bréholles.

Il faut lire dans les chroniques de Godefroid de Viterbe la théorie du droit divin... « L'empereur est le créateur de la loi, et ne doit pas y être tenu ; s'il s'y soumet, c'est parce que tel est son bon plaisir. Tout ce qui lui plaît, par cela même devient le droit. Dieu qui lie et délie tout, l'a préposé à l'Univers. La puissance divine partage avec l'Empereur des choses créées : aux immortels les cieux ; le reste est à l'Empereur. »

. L'empereur est la loi faite homme, disaient les jurisconsultes Barthole et Marsile de Padoue, *lex animata in terris, lex legibus*

Les Peuples, au dix-neuvième siècle, à mesure qu'ils s'affranchissent de la dictature césarienne, gravitent impétueusement vers Rome. On peut même dire que cet irrésistible enthousiasme est une des conquêtes de « l'immortel 89 » : les douanes de l'ancien régime ne l'arrêtent plus à la frontière. Et non-seulement la liberté moderne fait vibrer jusqu'au Vatican les palpitations de l'âme catholique ; elle y porte en même temps sur son aile les ferventes aspirations de nos frères. Quoique séparés, ils se sentent captifs, eux aussi, dans les bornes du monde et s'agitent pour en sortir. L'unité, comme le Maelstrom d'Edgar Poë, tire à elle toutes les intelligences et tous les cœurs. Patrie sociale, Rome délivre de tous les exils. « Tu es pour moi, lui crie M. Edgar Quinet, l'éternelle Madone assise sur tes ruines et pleurant dans ta campagne au pied de la croix du monde. Mon cœur, privé de toi, est plus vide en te quittant que la vide maremme, et mon désert plus grand que ton désert, depuis le pied des montagnes jusqu'aux rives de la mer. »

soluta. « Son pouvoir, disait Enéas Sylvius, est comme celui de Dieu, si haut qu'on n'y peut atteindre, si plein qu'on n'y peut rien ajouter. »

Au dix-septième siècle, en vertu de la même théorie, le duc de la Feuillade rendait à Louis XIV les honneurs divins.

On sait qu'il fit brûler des torches autour de la statue de la place des Victoires et que le jour de l'inauguration, il imagina une cérémonie toute émaillée d'adorations et de génuflexions. Pour être complétement païenne, il n'y manqua, dit Saint-Simon, que le sacrifice. On eut égard au titre de roi « *très-chrétien.* »

Au dix-neuvième siècle, nous avons tous lu les harangues sacriléges de Lacépède et de Fontanes à Napoléon Ier.

Les thuriféraires monarchiques sont immortels : un député de la majorité n'appellait-il pas, naguère, l'impératrice « *Notre-Dame d'Amiens ?* »

Les Russes, eux, ne se départent jamais de cette césarolâtrie. Le czar est toujours la loi vivante : lui désobéir, c'est désobéir au Christ. S'il consentait à partager son pouvoir avec des assemblées délibérantes ou à le tenir du peuple, il ne serait plus qu'un traître. V. les *Sermons de Mgr Philarèthe, métropolite de Moscou.*

Voilà le cri de l'âme contemporaine ! Unité, communion intégrale avec Rome : voilà l'idéal qui se lève sur les berceaux des peuples affranchis !

Ne craignons pas de le répéter souvent : le vieux manichéisme expire. L'homme veut marcher droit, et le peut-il, fourvoyé par des théories surannées qui lui commandent de scinder son être : de donner l'âme à un pouvoir et la personne à un autre pouvoir ?... Non ! cet antagonisme ne favorise que l'anarchie, que la mort. « Tout royaume qui sera divisé périra, » dit le Seigneur. Le dualisme recule de jour en jour l'avénement de l'unité, perpétue les mœurs barbares, démembre les consciences, éternise les haines internationales. L'homme moderne en gémit et songe à destituer un des pouvoirs entre lesquels il se débat, effaré.

Au-dessus de la dictature des puissances temporelles, il constituera donc une juridiction suprême, contrôlant l'arbitraire des oligarchies et le pouvoir discrétionnaire des princes. Faire rouler le monde sur un seul axe ce sera le seul moyen d'arrêter la désagrégation sociale. Aussitôt, l'union de l'idée et du fait, du spirituel et du temporel, du ciel et de la terre, s'accomplira d'elle-même. Et l'audacieuse race de Japhet, se dilatant sans fin et sans obstacle, montera de clartés en clartés.

XVI

Mais ce n'est pas nous, catholiques, qui réclamons avec le plus d'instance cette souveraineté supérieure, universelle, indépendante entre les nations, représentant la raison prise à ses hauteurs divines ; Joseph de Maistre n'est pas seul à placer au sommet de la république chrétienne une autorité médiatrice entre les rois et les peuples. Des libres penseurs rêvent, eux aussi, de cet idéal : ils évoquent l'image des grands papes du moyen âge.

Ne touchez pas à mes Christs, *Nolite tangere Christos*

meos, criait Grégoire VII aux princes, respectez mes prêtres, n'opprimez pas les missionnaires du Verbe incarné !

Pourquoi, disent les libres penseurs, pourquoi la papauté moderne n'élargirait-elle pas ce rôle, et ne couvrirait pas de son aile les crucifiés de toutes les nations? L'Eglise, quand elle le voudra, sera le tabernacle de l'Eucharistie sociale, le Logos de l'humanité !

« A l'heure qu'il est, dit M. Francisque Bouvet, une papauté véritable, entourée d'une représentation véritable aussi, des différents peuples, formerait une haute juridiction morale et donnerait la solution des grandes questions qui divisent encore les nations. Elle revêtirait une autorité qui n'est point formulée encore dans le monde, celle du *Droit commun des peuples*, droit qui doit un jour détruire la guerre, assurer l'effet des traités diplomatiques, et soumettre à une répartition convenable les entreprises intéressant plusieurs nations ou l'univers tout entier (1). »

Il ne faut en effet, pas aller bien loin chercher l'origine de ces formidables crises qui déchirent périodiquement les sociétés modernes. L'autonomie royale nécessita la Terreur. L'assemblée de 1682 porta dans ses flancs la Convention. « Le moment vint en France, dit Louis Blanc, où la nation s'aperçut que l'indépendance des rois, c'était la servitude des peuples. La nation, alors, se leva indignée, à bout de souffrances, demandant justice. Mais les juges de la royauté manquant, la nation se fit juge elle-même et l'excomunication fut remplacée par un arrêt de mort (2). »

XVII

Devons-nous laisser enseveli notre idéal et nous murer avec lui dans la nuit éternelle?

Soulevons la pierre du sépulcre, qu'il ressuscite au contraire et qu'il surnage, dans la ruine de la société,

---

(1) *Loc. cit.* p. 400.
(2) *Histoire de la Révolution française*, t. I, liv. II, ch. VI.

comme une arche d'alliance ! Et quand elles l'apercevront, les âmes les plus sceptiques et les plus rebelles ne nous demanderont plus de tordre nos symboles pour en faire sortir un esprit nouveau. Elles se retourneront spontanément vers cet antique idéal, vers cette papauté des âges féodaux qui voulait serrer peuples et rois, tout le genre humain, dans ses bras.

Mais que disons-nous? Mille consolants symptômes nous annoncent déjà cette palingénésie future.

N'avons-nous pas vu, pendant la guerre d'Amérique, des protestants eux-mêmes proposer aux belligérants de recourir à l'arbitrage souverain du Saint-Siége?

Il y a quelques mois, est-ce que le *Journal des Débats*, s'occupant de la guerre, ne regrettait pas, lui aussi, l'hégémonie pontificale, c'est-à-dire l'intervention suprême des papes dans les luttes intestines et les conflits internationaux des peuples?

Il ne s'agit plus maintenant de regrets romantiques, ni de lyrisme posthume. Nous assistons à la fin de leur odyssée. Ces frémissements avant-coureurs ont visité les deux hémisphères. Aujourd'hui, des regrets timides procède, par voie de transformation et de concrétion logique, un concert d'aspirations fougueuses. Ces vastes désirs viennent de s'affirmer dans une solennelle requête adressée par des protestants anglais au pontife de Rome. Les pétitionnaires demandent que le Concile proclame les vrais principes du droit des gens, et qu'il oppose enfin les lois de la justice et de la morale à l'audace effrontée de la force. Ils le supplient encore, de protéger l'homme et la famille contre l'esclavage du militarisme, cette traite des blancs, et d'imposer aux gouvernements modernes les arrêts de sa pacifique magistrature.

Prêtez l'oreille à cette prière ardente :

«Les soussignés implorent la protection du Saint-Siége : ils demandent que les bases du droit des gens soient déclarées par le Saint-Siége et le Concile, et, en particulier, les principes qui distinguent la guerre légitime de la guerre illégitime ; les principes qui garantissent au citoyen armé, qu'il ne sera pas appelé à échanger son caractère de défenseur du droit contre celui d'agresseur et d'assassin.

« Ce n'est pas une vaine théorie qui les a poussés à pétitionner, c'est l'anxiété de leur conscience en présence des devoirs mal définis, ce sont les appréhensions pour eux-mêmes et pour leurs enfants, en prévision des calamités qui menacent l'Europe.

« Ils s'appuient sur des faits incontestables pour démontrer qu'à notre époque le droit des gens a été mis de côté dans les circonstances les plus graves, et que les nations, livrées à la politique spéculative et à l'esprit révolutionnaire, ont anéanti les anciennes garanties qui protégeaient les Etats et qui empêchaient de prodiguer le sang et les ressources des citoyens.

« Dans l'opinion des soussignés, la guerre ne peut s'appeler de ce nom que si elle est imposée par une nécessité impérieuse : repousser une attaque ou venger un droit ; et, dans ces deux cas, les justes motifs de la guerre doivent être régulièrement dénoncés aux citoyens aussi bien qu'aux étrangers. De nos jours, au contraire, on s'est engagé, sans cause, dans des guerres gigantesques, aussi sanglantes que ruineuses, sans autre formule qu'un ordre du ministre aux chef des armées.

« Les trentes dernières années de l'histoire de notre pays montrent trop clairement que les institutions les plus généreuses et les lois les plus prévoyantes sont impuissantes, lorsque les hommes ont dégénéré et que les traditions morales sont oubliées ou méprisées.

« Les soussignés demandent que les rapports réciproques, tant de l'Etat et des citoyens que des Etats entre eux, soient définis et réglés de telle sorte que ceux qui écoutent la voix de l'Eglise ne donnent pas un lâche et coupable assentiment à l'effusion du sang.

« Ils demandent de plus que les princes et les nations soient invités à fonder ou à restaurer, avec le concours des citoyens les plus éminents, des institutions et des lois qui maintiennent la justice dans les hautes régions de la politique; des institutions telles que les païens en ont possédé, telles qu'en possèdent encore, en les entourant de respect, des hommes étrangers au christianisme; des lois de procédure qui enlèvent à l'arbitraire l'initiative du sang versé, aussi bien à l'arbitraire d'un seul qu'à l'arbitraire de plusieurs, qu'ils soient fonctionnaires politiques ou légistes. La paix ou la guerre ne dépendra plus du débat des factions, mais d'une *enquête juridique*; il ne sera plus au pouvoir de la passion ou du despotisme d'entreprendre la guerre et de disposer de la vie humaine.

. . . .

« Les pétitionnaires déclarent qu'il y a là pour eux un cas de conscience : ils ont besoin d'être éclairés. La vie des nations dépend de cet question capitale. . . . . .

« Ainsi les pétitionnaires demandent des déclarations obligatoires pour les chrétiens : ils désirent qu'un appel soit adressé à tous les législateurs chrétiens, afin qu'ils élèvent leurs institutions nationales au moins au niveau atteint depuis longtemps sous la loi naturelle. Ils réclament en outre, avec instance, la création à Rome, sous la protection du trône apostolique, d'un collège dont la mission sera l'enseignement du droit des gens, et qui sera en ces matières un foyer de science et un arbitre suprême. Les questions les plus hautes et les plus complexes viendront ainsi se vivifier au contact des vérités immuables de la foi, devant le tribunal auguste de l'autorité chétienne (1). »

Sortons des formules : que sollicitent les pétitionnaires?

(1) *Univers* du 17 sept. 1868. Cette pétition se couvre de nombreuses signatures. On la soumet à l'adhésion des catholiques, accompagnée d'un exposé justificatif, dont voici la conclusion pratique : « Pour réussir dans cette sainte entreprise; 1° associons-nous; 2° récitons chaque jour et à cet effet la prière que Jésus-Christ nous a enseignée, 3° engageons-nous pour la propagation de cette doctrine, à un versement annuel. »

L'application de l'Evangile à la vie sociale, la régénération de l'humanité par la Justice et les Lois divines sous la sanction et l'interprétation du pontife de Rome ; en un mot, le Règne de Dieu dans le règne du génie humain.

Cette catholique entreprise que Dieu a fait éclore et germer au cœur d'un protestant, n'est-elle pas une pierre d'attente pour la restauration de l'édifice social ?

L'œuvre du Concile reçoit là sa première ébauche. Les majestueuses et pacifiques paroles de la bulle *Æterni Patris* ont rencontré dans cette âme surabondante de foi, leur premier accomplissement.

« Le Concile, » avait dit le Saint-Père, « délibérera sur « la PAIX COMMUNE et la CONCORDE UNIVERSELLE... car « l'influence de l'Eglise catholique et de sa doctrine a « non-seulement pour objet le salut éternel des hommes, « mais encore contribue *au bien temporel des peuples, à* « *leur véritable tranquillité,* au progrès même et à la so- « lidité des sciences humaines (1). »

Ce n'est donc pas en vain que notre grand Pie IX a étendu sur l'humanité ses mains pleines de promesses. Elles ont ensemencé l'avenir. Une Ligue s'est tout récemment formée dans le but de travailler à l'avénement de la Paix. Et savez-vous ce que la première réunion nous a fait voir? Un pasteur protestant n'a rien trouvé de mieux, pour exprimer ses désirs, que de rappeler et de rajeunir la chaleureuse adjuration de Pie IX : « IL FAUT QUE LA GUERRE DISPARAISSE ET SOIT CHASSÉE DE LA FACE DE LA TERRE ! »

Allons plus loin ; entrons dans des assemblées bien

(1) In Œcumenico enim hoc Concilio ea omnia accuratissimo examine sunt perpenda, ac statuenda quæ... *communem omnium pacem et concordiam in primis respiciunt...* Nemo enim inficiari unquam poterit catholicæ ecclesiæ : ejus doctrinæ vim non solum æternam hominum salutem spectare, verum etiam *prodesse temporali populorum bono, eorum quæ veræ prosperitati, ordini ac tranquillitati* et humanarum quoque scientiarum progressui ac soliditati...

différentes, aux réunions de Berne et de Bruxelles. Là aussi la voix pontificale a des échos dociles. Même ceux qui flagellent et qui crucifient notre saint Pontife recueillent ses paroles et s'en vont les semant par le monde. N'entendions-nous pas, il y a quinze jours, les orateurs des Congrès socialistes menacer les rois, s'ils attentent à la paix, d'une grève universelle ?

Que font ces hommes ?

« Ils déplacent les idées généreuses de l'Évangile, ils empruntent au christianisme ses nobles et saintes aspirations. » Voilà ce que nous disait naguère l'éloquent évêque de Genève, Mgr Mermillod (1).

C'est en se sentant remués par cette agitation évangélique que les voyants et les penseurs déplient l'aile de leurs espérances. Quand ils essaient de voir, à cette lumière, les épopées qui palpitent dans les entrailles de l'avenir, ils ne désespèrent plus d'assister aux agapes sociales des peuples.

Vers 1862, le Saint-Père autorisa l'impression d'un manifeste dans lequel on lisait cette phrase :

(1) « Mes frères, ajoutait le courageux prélat, ne m'accusez pas d'exagération. Les périls ne sont pas conjurés par de volontaires aveuglements. Regardons sans terreur cet état que les idées, les mœurs et le progrès font à notre temps. Ce mouvement des classes ouvrières nous apparaît comme un torrent qui descend des montagnes ; mais ce doit être l'honneur de la sainte Église catholique d'aller à ces forces ; de créer des digues, de canaliser ces flots impétueux et d'en faire au dix-neuvième siècle un fleuve puissant et fécond.

« Il n'y a pas à s'y tromper, nous pouvons entre les classes ouvrières et les classes élevées arriver à un traité de paix ou bien ce sera un fatal et sanglant duel qui continuera. Allons donc tous ensemble à cette œuvre de courage ;... et nous nous serons associés à cette sublime et douce mission de Jésus-Christ, le restaurateur et le trait d'union des âmes ! » *L'Église et les Classes ouvrières*, discours prononcé à Sainte-Clotilde, le 24 février 1868. *Revue du Monde catholique*. T. XX, 25 mars 1868. P. 1177.)

« Il n'y a plus maintenant pour personne une impossi-
« bilité absolue d'être témoin de la régénération du
« monde (1). »

Lorsque ces lignes parurent, quelques-uns les traitèrent
de chimères et de rêveries : de ces désillusionnés ou de
cet utopiste, qu'on dise aujourd'hui quel était le véritable
rêveur !

XIX

Mais pour que l'humanité se lève tout entière, pour
qu'elle appelle l'Église à son secours et lui demande l'action de son autorité paternelle et puissante, seule pro-
tectrice efficace de ses droits, il faut dissoudre des anti-
nomies, et fiancer, disent plusieurs, des éléments con-
tradictoires. Est-ce bien vrai? Tout est-il damnable chez
nos frères séparés ? « Qu'on y regarde de près, » dit Joseph de Maistre, « et l'on verra que parmi les opinions
les plus folles, les plus indécentes, les plus atroces, parmi
les pratiques les plus monstrueuses et qui ont le plus
déshonoré le genre humain, il n'en est pas une que nous
ne puissions *délivrer du mal* (depuis qu'il nous a été
donné de pouvoir demander cette grâce), pour montrer
ensuite le résidu vrai, qui est divin (2). » N'est-ce pas
là le dessein du Concile ? Joseph de Maistre n'a-t-il pas
merveilleusement prévu l'œuvre du futur Aréopage ? « On
devra, lisons-nous dans la Bulle, travailler avec le zèle le
plus soutenu et par la miséricordieuse assistance de Dieu,
à *délivrer de tous leurs maux l'Église et la société civile.* »

Mais dans quelle sphère se déploiera ce gigantesque labeur? Quel sera le but suprême des Pères du Concile?

Sur ce point, les sentiments sont presque unanimes.

Les hommes que tourmente le souci des problèmes
contemporains convient la Révolution et l'Église à une
réconciliation cordiale. De cette union, à les entendre,

(1) *De la Régénération du monde*, par M. Joseph de Félicité.
(2) *Eclaircissement sur les Sacrifices.*

daterait l'Age nouveau. « Si par Révolution », leur répond le P. Gratry, « vous n'entendez pas la violence et l'émeute, la haine, la rage aveugle, la persécution religieuse, le brisement des lois et des constitutions, le pouvoir absolu d'une capitale sur tout un peuple, d'une assemblée sur la capitale, et d'un meneur sur l'assemblée ; si par Révolution, vous n'entendez pas la terreur, le sang, l'anarchie et la guerre civile, et, à la fin, le sommeil sous la dictature ; si vous n'appellez pas Révolution ce stupide et satanique esprit « qui détruit parmi nous, depuis un siècle, toutes les plus belles espérances du genre humain » ; si, au contraire, vous appelez Révolution le grand progrès social que Dieu veut en ce siècle, dans l'ordre, la justice, la liberté, l'égalité ; si par Révolution républicaine, vous entendez le gouvernement de la nation par la nation, et non plus par un homme et par un groupe ; si par Révolution démocratique, vous entendez la grande et prompte augmentation des âmes libres, des âmes justes, des cœurs religieux, des raisons consistantes et des volontés décidées dans le bien et dans le devoir ; si par Révolution sociale, vous entendez l'abolition de plus en plus complète du vol et de l'homicide, deux points simples, modestes en apparence, mais qui vont loin ; alors l'Église accepte la Révolution et se croit même chargée de l'accomplir. »

Et cette initiation par l'Église au Règne du Christ, que d'âmes en épient l'aube, que de cœurs en saluent la lointaine et radieuse aurore ! Ecoutez ces fatidiques paroles de M. Louis Veuillot :

« Ce n'est pas pour établir la division que les Concordats seront détruits, mais pour rétablir l'unité ; il ne s'agira plus d'alliances, il s'agira de conquêtes.

« Et si l'on ose jeter plus loin les yeux dans l'avenir, par delà les longues fumées du combat et de l'écroulement, on entrevoit une construction gigantesque et inouïe, œuvre de l'Eglise qui répondra par des créations plus belles et plus merveilleuses au génie infernal de la destruction. On entrevoit l'organisation chrétienne et catholique de la Démocratie. Sur les débris des empires infidèles, on voit renaître plus nombreuse la multitude des Nations, égales entre elles, libres, formant une Confédération universelle dans l'unité de la foi, sous la présidence du Pontife romain également protégé et protecteur de tout le monde ; un Peuple Saint comme il y eut un Saint Empire. Et cette Démocratie baptisée et sacrée fera ce que les Monarchies n'ont pas su et n'ont pas voulu faire : elle abolira partout les idoles, elle fera régner universellement le Christ, *et fiet unum ovile, et unus pastor.* »

« Joseph de Maistre disait : « Nous serons broyés, mais pour être mêlés. » Et pourquoi serions-nous mêlés ? Pourquoi Dieu permettra-t-il ce broyement, ce sang, ces larmes ? Pour en faire simplement, comme les hommes de la boue ? Dieu ne fait pas de la boue, il fait du ciment, un ciment divin et éternel, dont il construit son édifice divin et éternel, son Eglise, le Corps mystique de son Christ. Nous serons épurés et mêlés, pour former de plus en plus un seul Genre humain, pour parvenir à la fin de l'homme et de l'humanité, qui est de connaître Dieu, l'aimer, le servir, et par ce moyen arriver à la Vie éternelle ; c'est-à-dire à l'indissolubilité et à l'éternité de l'union avec le Christ, commencée sur la terre, achevée dans les cieux. C'est la prière de Jésus : *Ut sint unum, sicut et nos* (1). »

Les espérances en cet Avénement du Royaume de Dieu sont d'autant plus obstinées, et d'autant plus indomptables, que l'Église s'apprête à tenir son lit de justice. « Plus les docteurs se multiplent, disait Richard de Saint-Victor, plus augmente le bien de la communauté, qui dérive toujours de la doctrine. A l'un se manifeste ce qui n'est pas connu encore. C'est pour cela que l'Ecriture a dit :

« La multitude des sages est la santé de l'univers. »

(1) *Univers* du 11 juillet 1868.

XX

Si les grandes assises catholiques tiennent tant de place dans l'histoire et dans l'ascension de l'humanité, pouvons-nous nous désintéresser de leur œuvre? Non, car l'Eglise est un corps. Tout homme qui vient en ce monde appartient à l'Église. Si l'homme avait été créé pour la vie solitaire, il n'y aurait jamais eu pour lui qu'un idéal individuel. Mais cette cité vivante dans laquelle il naît, vit et se développe, lui impose à son tour un idéal commun. Il doit collaborer à l'organisation harmonique de toutes les énergies qui réaliseront la solidarité des âmes. Admis à la vie collective, il doit la dilater et l'agrandir. Et voyez l'admirable et mystérieuse symphonie! En redoublant en soi, par un effort sublime, la vie morale, l'homme prolonge le corps du Christ à travers les générations humaines. Cesser un instant de se dilater, c'est donc trahir à la fois et le Christ et l'Église. Tout péché devient une félonie sociale. Le mot redoutable de saint Jean Chrysostôme est intelligible aujourd'hui. « *Vous n'aurez pas à rendre compte de vous-même seulement, mais du monde entier!* »

Comment donc travaillerons-nous à la manifestation progressive du Verbe? Par l'étude des sciences morales et sacrées. N'est-ce pas du progrès de ces sciences que Pie IX disait naguère, en faisant siennes les paroles de saint Vincent de Lérins: «... Il faut que l'intelligence, la science et la sagesse de tous comme de chacun en particulier, des âges et des siècles, de toute l'Eglise comme des individus, croissent et fassent de grands, de très-grands progrès, afin que l'on comprenne plus clairement ce que l'on croyait plus obscurément, afin que la postérité ait le bonheur de comprendre ce que l'antiquité vénérait sans l'entendre (1). »

Et l'évêque de Tulle: « Par là même que nous devînmes

____

(1) Bref du 17 mars 1856 aux évêques de l'empire d'Autriche.

croyants, nous fûmes des condamnés, très-nobles, aux spéculations divines. »

La négligence de ces études est tenue par tous les Pères pour criminelle. Le moyen âge ne manquait pas de flétrir semblable indifférence. « Certains, soi-disant par respect pour les Pères, refusent, écrivait Richard de Saint-Victor, de toucher aux questions qu'ils ont omises, ne voulant pas passer pour présomptueux. Sous ce voile qui abrite leur mollesse, ils dorment dans l'oisiveté, ils ont des dérisions pour l'effort de ceux qui travaillent à l'investigation, à la découverte du vrai. Mais Celui qui habite dans les cieux leur enverra des moqueries, le Seigneur les poursuivra de ses huées. »

Ainsi, les préoccupations de l'heure présente nous recommandent l'étude des assemblées plénières de l'Eglise. Toutes les intelligences chrétiennes doivent se préparer aux grandes délibérations que suscitera le Concile œcuménique de 1869. Comme les précédents, il sera le forum de l'humanité tout entière. En interrogeant les actes des synodes antérieurs, on trouvera les jalons primordiaux de la vaste triangulation sociale que l'Église poursuit à travers les âges et qu'elle achèvera, nous l'espérons, dans ses prochaines assises.

Oui, nous l'espérons, et qui n'a pas tressailli du même espoir? Quand le fil électrique a fait vibrer d'un pôle à l'autre les paroles de Pie IX, toutes les âmes affamées de vie ont crû, dans ce moment auguste, entendre les maternels gémissements du saint apôtre : *Filioli, quos iterùm parturio, donec Christus formetur in vobis !*

Epanouissement du règne du Christ, voilà donc la rosée que les Pères sont appelés à faire descendre sur la terre altérée. Cité de Lumière, le Concile projettera ses rayons sur toutes les âmes. Alors s'exaucera, dans sa plénitude, le souhait sublime de Gœthe expirant : « *Das mehr Licht herein komme !* Qu'il entre donc plus de Lumière !

XXI

Ces considérations nous invitent à étudier avec soin la généalogie du futur Concile : les annales humaines n'ont pas de pages plus importantes. Saint Grégoire le Grand vénérait les décisions conciliaires comme les quatre Évangiles. « *Il n'est permis à aucun prêtre*», dit le pape saint Célestin, *d'ignorer les lois de l'Église*, les décrets des Conciles et les saints canons. « Tous les prêtres doivent lire les décrets des Conciles, les méditer, y prendre pour leurs prédications tout ce qui est propre à établir la foi, à déraciner le vice, à planter la vertu dans les cœurs. » (Concile tenu sous le pape Léon III.) Il ne suffit pas, d'après saint Charles Borromée, de consulter séparément certains canons, dans les besoins du moment, pour éclaircir une discussion, vider un démêlé; il conseillait à son clergé de faire de toutes les lois de l'Église une étude spéciale, complète, approfondie pour connaître pleinement quelle a été, à travers tous les siècles, la constitution, l'économie de l'Église et se pénétrer de son esprit. A côté de ces instances du grand archevêque, nous voulons placer les recommandations si formelles du second Concile de Nicée. « Avec la joie d'un homme qui a trouvé de riches dépouilles, mettons en dépôt dans notre cœur les saints canons, méditons-les avec amour, observons-les avec fidélité, sans réserve, et ceux qu'ont dictés les glorieux apôtres, ces trompettes du Saint-Esprit, et ceux qu'ont portés les sacrés conciles œcuméniques, et ceux qui ont été promulgués par les conciles provinciaux, comme une exposition des lois de l'Église universelle, et ceux qui sont reconnus pour nous venir de nos saints docteurs et Pères, car c'est par les lumières d'un seul et même esprit que nous ont été tracées ces règles salutaires. »

XXII

Les prêtres établis par Dieu, les missionnaires de la
vérité, au milieu du monde, ont donc plus que jamais besoin, en face des altérations quotidiennes de la doctrine,
de la morale, de la hiérarchie catholiques, de conserver
intact le dépôt qu'ils ont reçu, en consultant avec assi-
duité les monuments de notre foi. Mais où s'alimentera
cette science sacrée ? Aux sources authentiques. Ici, une
difficulté trop commune se présente. Ces matières sont
contenues dans des centaines de volumes in-folio, dont
le prix considérable les rend inaccessibles à la plupart
des ecclésiastiques ; où bien il faut recourir à des ma-
nuels, à des abrégés, à des dictionnaires, à des Histoires
de l'Église, où ces matières sont disséminées, travesties
même et frustrées de leurs commentaires indispensables.

Pour faciliter cette étude et satisfaire aux vœux souvent exprimés du clergé, un prêtre, pendant les loisirs
de son ministère, s'est mis à parcourir la grande collection des Conciles, comme on parcourt une épaisse et
vaste forêt, sans chemin frayé.

Etude patiente, courageuse peut-être. Ce prêtre écrivit
ses aperçus à la lumière qui part de Rome, foyer central
de la Vérité.

Une sèche nomenclature répugne aux intelligences
que séduisent, à bon droit, les développements harmonieux de l'histoire : il traça donc les linéaments historiques de chaque Concile et s'appesantit sur les événe-
ments essentiels. Ce qui l'intéressait, c'était la connaissance des principaux canons qui ont fixé la foi, la morale
et la discipline.

L'ordre chronologique n'évite pas toujours l'aridité. Au
lieu de circonscrire arbitrairement les décrets des
Conciles, l'auteur préféra les grouper autour d'un fait,
d'une hérésie, d'un article dogmatique ou disciplinaire.
Cette connexion respecte mieux la logique et reproduit

avec plus d'exactitude les phases et la physionomie de l'histoire.

La génèse des décisions dogmatiques s'adapte parfaitement, d'ailleurs, à ce plan, d'une exécution plus difficile quant à la discipline, ondoyante et diverse, obligée qu'elle est de se mettre en harmonie avec les vicissitudes des temps. Ne pouvant tout embrasser dans ses considérations, l'auteur s'est étendu d'autant plus sur les questions prépondérantes.

Perplexe est quelquefois l'historien lorsqu'il aborde le Concile de Trente. M. l'abbé Guyot, dans la *Somme des Conciles*, a pris pour guides Benoît XIV et Pallavicin qui lui ont donné le sens rigoureusement exact des décrets. En passant, il signale les entraves mises par les princes à cette assemblée, et la sage direction imprimée par Rome aux délibérations des Pères.

XXIII

Mgr Guérin, l'auteur bien connu des *Petits Bollandistes*, offre au clergé une collection des Conciles présentés dans un cadre différent mais non moins heureux, puisqu'il a reçu dans le monde ecclésiastique l'accueil le plus flatteur. Mgr Guérin reproduit, outre les décrets, toutes les pièces propres à jeter quelque jour sur les questions agitées dans les Conciles. Le premier volume, — car l'ouvrage en compte deux, — débute par un abrégé de la doctrine de l'Église sur l'origine de ces saintes assemblées, sur leur autorité, sur leur convocation, etc.

Dans un historique succinct, l'auteur expose les circonstances qui ont provoqué chaque réunion, il raconte les discussions, et les incidents principaux qui les ont caractérisées. Un sommaire indique, condense et classe les matières afférentes aux décisions canoniques. Une traduction libre reproduit en français, sans en rien retrancher, tous les décrets, tels qu'ils sont dans les sources, les éclaire et en précise le sens. Pour les Conciles généraux, à cause de leur importance, Mgr Guérin a mis le texte en regard de la traduction. Cette version est élucidée par un commentaire ou par des notes, où les canons sont rapprochés des diverses interprétations qu'ils ont provoquées, des usages du temps et du lieu, des autres décisions analogues ou contiguës. L'auteur constate les résultats de chaque loi, ses transformations, sa permanence ou sa désuétude. Il y fait aussi connaître l'origine, la dialectique, le progrès et l'extirpation ou l'extinction de chaque erreur, de chaque révolte contre l'autorité centrale. La filiation et les affinités de ces erreurs, et leurs réfutations initiales dans les anciennes définitions de l'Église sont compendieusement signalées.

L'ouvrage se compose de trois grands volumes. Aussitôt que sera clos le Concile de 1869, Mgr Guérin le publiera comme les autres avec l'historique, le texte latin des décrets, la traduction française et toutes les pièces, tous les éclaircissements indispensables; il paraîtra dans le même format que les précédents, dont il sera la conclusion naturelle.

XXIV

Les prêtres et les laïcs qui voudront approfondir les Conciles dans leurs sources originales et connaître *ex professo* leur synthèse complète, n'auront plus besoin d'adresser des consultations quotidiennes aux rares détenteurs des collections primitives. Le savant directeur des *Analecta Juris Pontificii* prépare et surveille l'exécution d'un recueil monumental qui fermera la série de toutes les Collections parues.

Par une coïncidence qui n'étonnera personne, l'imprimerie de la Propagande avait pris l'initiative d'une publication similaire. Mais informé du projet de M. Palmé, le Saint-Père a fait aussitôt interrrompre cette publication. Voici ce que nous lisions, en effet, dans la correspondance adressée de Rome à l'*Univers*, le 2 octobre dernier :

« L'imprimerie de la Propagande, que dirige avec tant
« de zèle M. Marietti, avait, dès l'an dernier, mis à l'é-
« tude le projet de donner une édition complète des
« Conciles. Le Saint-Père, d'ailleurs, qui cherche à rele-
« ver de plus en plus cet établissement polyglotte, s'était
« intérressé à l'exécution de ce projet ; il avait sans doute
« en vue de faliciter les recherches des savants et de ré-
« pandre une collection si précieuse, et nous dirons si
« indispensable, au moment de la convocation du Concile
« œcuménique.

« Les difficultés de la politique, la nécessité de pour-
« voir à la défense de l'État et de continuer, dans l'étroit
« espace que la révolution a fait au Saint-Siége, des dé-
« penses au-dessus des ressources du Trésor, n'auraient
« pas détourné la Propagande d'une telle œuvre, si l'on
« n'avait su que M. Victor PALMÉ l'avait entreprise, et si
« l'on n'estimait cet éditeur capable de la conduire à
« bonne fin.

« M. Victor PALMÉ a assumé, sans nul doute, une tâche
« immense ; mais la réédition des *Bollandistes* et d'autres
« œuvres monumentales sont des gages suffisants du suc-
« cès de la vaste Collection des Conciles. Puissamment
« aidé surtout des lumières du directeur des *Analecta*
« *Juris Pontificii*, il pourra répondre encore à l'impa-
« tience du monde ecclésiastique. »

Les éléments de cette Somme encyclopédique, étaient
dispersés dans une multitude d'in-folios, indigestes pour
la plupart, et qu'il fallait laborieusement parcourir, sans
Index rerum. Conciles œcuméniques, Synodes, Conciles
provinciaux, étaient classés pêle mêle dans un ordre chronologique, qui déroutait et fatiguait l'explorateur.

Aussi ce désordre des anciennes éditions rebutait-il
beaucoup de chercheurs : *ibant obscuri per umbras*. Comment, par exemple, trouver les Conciles célébrés par les
souverains Pontifes, confondus qu'ils étaient avec les Conciles provinciaux et les Synodes particuliers ? La valeur de
ces dernières assemblées ne peut pourtant pas être mise en
parallèle avec l'autorité des Conciles qui reçurent les ins-

pirations pontificales. L'Histoire Ecclésiastique sera toujours mutilée, sa philosophie ne sera jamais complète, tant que toutes les manifestations de la plus haute autorité de l'Eglise seront inexactement connues. Rien de ces interventions souveraines ne doit rester obscur.

Voyez quelle auréole entoure les conciles inspirés par les Papes! Voyez le concile de Clermont présidé par Urbain II! Le souverain Pontife entraîne dans son expansion non-seulement l'Auvergne, non-seulement la France, mais l'Europe. Toute la chrétienté s'ébranle à sa voix et se précipite sur l'Asie.

Tous les conciles qui furent célébrés par les Papes laissent dans l'histoire ce sillon lumineux. Avec les conciles œcuméniques, ils sont vraiment le verbe de Dieu! Leur convocation fait monter presqu'aussitôt le niveau moral de l'humanité.

Il importait donc qu'il n'y eût pas dans ce nouveau recueil de solution de lumière. Au lieu de scinder les conciles œcuméniques et les synodes convoqués par les Papes, au lieu de disperser ces rayons, l'éditeur les réunit en un seul faisceau. L'Histoire en sera mieux éclairée, plus connue, et l'Eglise plus aimée : la science enfante l'amour.

Ajoutons que les érudits devront bénir le savant éditeur. Ils n'auront plus à feuilleter ces collections abruptes, dont les dédales ont irrité plus d'un savant et provoqué plus d'une erreur. Nos pères s'y risquaient sans répugnance ; leurs fils, moins patients, trouvent plus commode de recueillir et de contresigner les trouvailles faites avant eux. Grâce au *lucidus ordo* du nouvel éditeur, l'histoire se débarrassera de ces clichés séculaires, et les savants pourront asseoir leurs études sur des bases moins vacillantes. D'un coup d'œil, il leur sera facile de suivre le développement harmonieux du dogme, sans être à chaque instant arrêtés par des questions minuscules — qui ne seront pas omises pour cela (car rien ne sera négligé) — mais qui ne viendront plus interrompre la marche logique des grands Conciles.

Beaucoup d'actes conciliaires ne figurent pas dans Labbe et Mansi : le nombre de ces omissions est même incalculable. Les progrès de la science historique ont permis de combler ces désastreuses lacunes toujours préjudiciables à l'Eglise. C'est ainsi que le savant éditeur de l'*Amplissima Collectio*, en explorant les bibliothèques publiques et privées, a découvert TROIS CENTS conciles pontificaux que les plus célèbres compilateurs n'ont pas connus. Trois cents conciles inédits!! Voilà de quoi ruiner les histoires à la Vertot : leurs échiquiers vont être bouleversés.

Cette liste sera complétée. Car on sait, par des monuments indubitables, que les souverains Pontifes, jusqu'au douzième siècle, eurent l'usage de convoquer tout au moins un concile à Rome, le jour anniversaire de leur consécration.

Mais pour qu'une œuvre soit vraiment nouvelle, il ne suffit pas de l'amplifier : il faut en contrôler tous les éléments. Or, Labbe et ses successeurs ont, il faut bien le dire, montré plus de zèle que d'esprit critique : leurs actes conciliaires, transcrits à la hâte, et quelquefois sur des copies tronquées, ont introduit dans l'histoire de graves erreurs qui font leur chemin comme de respectables vérites. Il y a donc un vaste travail de rectification à faire : l'éditeur ne consultera que les originaux revêtus d'un caractère rigoureusement authentique.

Enfin les collections antérieures ne facilitaient guère les recherches. Elles les provoquaient sans les satisfaire. Tel canon qui suscita ou qui suscite encore d'ardentes controverses, était reproduit sans commentaires. Aucune glose n'éclairait les sens obscurs. Les lecteurs de l'*Amplissima Collectio* n'auront pas à redouter cette sécheresse. A chaque canon et à chaque concile, l'éditeur restitue son dossier de scholies. Binius, Lupus, Thomassin, Baluze, Catalani, chronologiquement groupés, apporteront leur inappréciable contingent de commentaires. Nous n'avons pas besoin d'ajouter que les sérieux travaux de la science allemande enrichiront ce recueil monumental.

XXV

Voici donc le plan de la *Collection amplissime.* Deux séries en diviseront régulièrement les matières. Le premier volume s'ouvrira par la publication des *Conciles généraux* et autres conciles convoqués par les Papes ou présidés par leurs Légats. Les grands Parlements de l'Eglise universelle seront les propylées naturels de cette vaste synthèse.

Tel est l'ordre de la première série.

La seconde série embrassera les Conciles *provinciaux* et les *Synodes.*

Tous les actes seront intégralement reproduits d'après la meilleure édition, celle de *Zatta*, la dernière et la plus exacte. Des additions importantes y seront introduites, même pour les Conciles des premiers siècles. On sait que la troisième partie des *Actes des Conciles*, par Gélase de Cyzique, était restée jusqu'ici inconnue. Le savant bibliothécaire de Milan, M. Cériani, l'a offerte à l'éditeur, par l'intermédiaire du si regretté M. l'abbé Le Hir, avec les variantes des deux premières parties.

D'autres documents ignorés confiés à l'éditeur par le Cardinal Maï, seront mis au jour ; des manuscrits entièrement inédits de Baluze et de Coustaut seront publiés.

Baluze, a été, au dix-septième siècle, peut-être le plus infatigable investigateur de pièces relatives aux Conciles. Il fit copier ou transcrivit une infinité de chartes, de registres, de diplômes et de capitulaires. Il collationna Baronius, Sirmond, Du Chesne, Labbe, sur les meilleurs manuscrits de France et de l'étranger qu'il put trouver, outre les pièces que le cardinal Casanate, Lucas Holstenius et Zaccagni, bibliothécaires du Vatican, lui envoyèrent de Rome. Il hérita des papiers de Pierre de Marca, du président Bouhier, de Sirmond, de Cotelier, de Chifflet et d'autres savants du temps. Montfaucon, Mabillon, Martène enrichirent aussi son trésor. Un seul volume a paru. Après la mort de Baluze, la bibliothèque royale acheta ses manuscrits qui forment aujourd'hui 379 volumes. Le catalogue des pièces qu'ils renferment a récemment figuré dans les *Analecta Juris Pontificii*.

L'éditeur y puisera de précieuses indications qui seront encore fortifiées par les recherches, non moins savantes et non moins ignorées de dom Coustant.

Pour les notes et les commentaires, il fait intervenir les cinq autorités suivantes : 1° *Binius*, qui représente la science ecclésiastique à la fin du seizième siècle; 2° Christianus Lupus (1665-1684) dont les Scholies font jurisprudence sur les questions de droit et d'histoire; 3° les dix-huit dissertations du grand homme de l'Oratoire, de Thomassin, sur les conciles, inappréciable ouvrage qui mérita d'être supprimé par la police de Louis XIV; 4° les commentaires de Catalani (1736), dédiés au pape Clément XII; c'est l'expression des doctrines romaines, dans toute leur pureté; 5° enfin, le docteur Héfelé, le biographe si connu du cardinal Ximenès, a promis son concours.

Résumons succintement les innovations de la *Collectio Amplissima* : 1° annexion des Conciles célébrés par les Papes ou par leurs Légats aux Conciles œcuméniques; 2° collationnement rigoureux des textes sur les manuscrits originaux; 3° publication d'un nombre considérable d'actes conciliaires inédits; 4° juxtaposition des commentaires les plus célèbres.

Ces lignes suffisent pour indiquer à nos lecteurs le plan de cette œuvre titanesque. Jamais synopsis plus vaste et plus complète n'aura paru. Ses dix volumes seront les prolégomènes obligés du futur Concile œcuménique. Page par page, les Pères pourront y suivre les évolutions de la discipline et du dogme et assister aux métamorphoses des hérésies, toujours, sous leurs divers noms, identiques à elles-mêmes.

XXVI

Cette collection se couronne par une autre non moins importante. Pour étendre à tout l'univers chrétien la ju-

risprudence intronisée par le concile de Trente, les Papes
établirent une Congrégation de cardinaux chargés d'in-
terpréter les décrets du concile. Ces interprétations, grou-
pées suivant l'ordre logique, forment la *Collectio omnium
Conclusionum et Resolutionum quæ in causis propositis apud
S. Congregationem Cardinalium S. Concilii Tridentini interpretum prodierunt ab ejus institutione anno MDLXIV ad
annum MDCCCLX distinctis titulis alphabetico ordine per
materias digesta cura et studio Salvatoris Pallottini S. theologiæ doctoris et in romana Curia advocati.*

L'auteur a apporté le plus grand soin à ne s'écarter en
rien de la doctrine de la sainte Congrégation du Concile,
et ce qui prouve qu'il y a réussi, c'est que S. Em. le cardinal Caterini, préfet de ladite Congrégation, lui a ac-
cordé le *nihil obstat* en termes qui recommandent le recueil comme *usui forensi valde commodo et utilis* (1).

XXVII

Enfin, nous ne pouvons oublier la publication que dirige
le savant éditeur de ces collections monumentales. Les
Analecta Juris Pontificii en sont l'indispensable corollaire.
La science du *droit canon*, si négligée en France, y est
étudiée avec les développements qu'elle mérite, et l'*Im-
primatur*, donné par le maître du Sacré-Palais, à chaque
livraison, en garantit la sévère orthodoxie.

Les *Analecta* ont été créés pour mettre au service de la
science les recherches liturgiques, canoniques, historiques, théologiques des archives romaines. Les publica-
tions qui tenaient périodiquement le monde au courant
de la jurisprudence romaine sur les matières ecclésiastiques, sont éteintes depuis un siècle environ. De là vient
que les *Analecta* n'ont pu se contenter de publier les
actes du jour; il a été nécessaire de rédiger des traités
complets où sont scientifiquement coordonnés les titres
et les documents antérieurs. Le Pontificat de Benoît XIV
est le point de départ de ces études retrospectives. Quel-

(1) L'ouvrage se composera de 15 volumes.

quefois, on remonte plus haut, quand il s'agit de questions incomplétement élucidées. Néanmoins, les décisions actuelles occupent une grande place dans les *Analecta*. Aucune disposition de quelque importance, émanant des diverses congrégations de Rome depuis douze ans, n'a été omise, et il n'est aucun volume des *Analecta* qui n'en contienne plusieurs centaines.

Les *Analecta* sont écrits en langue française. L'histoire, comme le droit canon, y occupe une large place. Nous avons déjà dit ailleurs que le catalogue des 379 volumes manuscrits de Baluze avait été dressé par le savant directeur et publié dans une des dernières livraisons. A ce catalogue est annexée une liste raisonnée de toutes les éditions des conciles. Nous en avons compté 54. L'éditeur nous en promet d'autres. Toujours à propos du Concile, les *Analecta* nous ont donné de curieux extraits des lettres adressées à un cardinal romain par l'archevêque de Zara sur le concile de Trente. L'archevêque en fut le témoin oculaire. Ses lettres sont d'autant plus précieuses que les deux historiens, Pallavicin et Sarpi, n'eurent pas cette bonne fortune. Les récits de l'archevêque éclairent donc les points controversés.

Un très-grand nombre de Bulles et de Lettres pontificales y sont éditées pour la première fois. Nous avons eu la joie de lire, par exemple, plusieurs Lettres des papes saint Nicolas et Grégoire VII, empruntées aux manuscrits de Dom Coustant. Ces lettres, sur lesquelles Mgr Chaillot, le savant directeur des *Analecta*, a eu la bonne fortune de mettre la main, font partie d'une collection que les investigateurs les plus obstinés n'avaient seulement pas flairée. Un correspondant des journaux scientifiques de l'Allemagne, s'est même servi d'une habile périphrase pour raconter cette découverte. Ne voulant pas confesser qu'un tel trésor avait échappé jusqu'ici à ses recherches, et désireux de voiler sa négligence, il prit le parti d'annoncer que la Bibliothèque impériale « venait » de recevoir « tout récemment » cet inestimable cadeau !...

Par leurs études consciencieuses, par leurs investigations intelligentes, les *Analecta* nous semblent destinés à remplacer les doctes Spiciléges de la Congrégation de Saint-Maur. La ferveur scientifique des Martène, des Montfaucon, des Mabillon, des d'Achéry, inspire les recherches de leur digne successeur et le sert avec le même succès.

Après ces considérations sur le Concile et sur les problèmes qu'il soulève, reproduire le texte de la Bulle est un devoir. Nos lecteurs y trouveront le *substratium* de toute notre pensée, et le point d'appui de toutes nos espérances.

ROME

—

LETTRE APOSTOLIQUE

DE NOTRE SAINT-PÈRE LE PAPE

PIE IX

CONVOQUANT LE CONCILE ŒCUMÉNIQUE A ROME LE JOUR DE
L'IMMACULÉE-CONCEPTION, 1869

—

PIE ÉVÊQUE

SERVITEUR DES SERVITEURS DE DIEU

Ad futuram rei memoriam.

Dans l'excès de l'amour dont il nous a aimés, et pour délivrer, dans la plénitude des temps, tout le genre humain du joug du péché, de la captivité du démon et des ténèbres des erreurs, dont le poids, par la faute de son premier père, l'opprimait si misérablement et depuis si longtemps, le Fils unique du Père Eternel, descendant du Siége céleste sans sortir de la gloire du Père, et ayant pris de l'immaculée et très-sainte Vierge Marie, la nature mortelle, a révélé une doctrine et une règle de vie apportées du ciel; il l'a rendue incontestable par des œuvres merveilleuses sans nombre, et il s'est livré lui-même pour nous, s'offrant volontairement en victime d'agréable odeur à Dieu. Mais, la mort vaincue, avant de monter triomphalement dans le ciel, pour s'asseoir à la droite du Père, il envoya ses Apôtres dans tout l'univers, prêcher l'Evangile à toute créature, et il leur donna le pouvoir de régir l'Eglise acquise par son sang et constituée par lui, qui est *la colonne et le soutien inébranlable de la vérité*, qui, enrichie des trésors célestes, montre à tous les peuples le chemin assuré et la lumière de la vraie doctrine, *voguant comme un navire sur la haute mer de ce siècle, afin de garder sains et saufs tous ceux qu'elle reçoit, pendant que tout le monde périt* (saint Maxime). Et pour que le gouvernement de cette même Eglise procédât toujours en toute rectitude et selon l'ordre, pour que tout le peuple chrétien persévérât toujours dans l'unité de la foi, de la doctrine, de la charité et d'une même communion, non-seulement il promit d'être perpétuellement avec elle jusqu'à la consommation des siècles, mais encore il mit à part de tous Pierre seul et le constitua prince des Apôtres, son vicaire ici-bas sur la terre, chef, fondement et centre de l'Eglise, afin que dans cette élévation de rang et d'honneur, et par la plénitude de la principale et souveraine autorité, de la puissance et de la juridiction, il pût paître les agneaux et les brebis, confirmer ses frères, gouverner toute l'Eglise, et qu'il fût *le gardien des portes du ciel et le juge de ce qui doit être lié ou délié, la sentence portée par ses jugements devant subsister jusque dans les cieux* (saint Léon). Et parce que l'unité et l'intégrité de l'Eglise, et son gouvernement institué par le Christ lui-même, doivent demeurer stables perpétuellement, ce pouvoir suprême de Pierre sur toute l'Eglise, absolument ce même pouvoir, sa juridiction, sa primauté, demeure dans toute sa plénitude et garde toute sa force dans la personne des Pontifes romains, ses successeurs, placés sur cette même chaire romaine qui est sa chaire.

C'est pourquoi, usant de la puissance et de la charge

de paître tout le troupeau du Seigneur que le Christ lui-même leur a divinement confié dans la personne du bienheureux Pierre, les Pontifes romains n'ont jamais cessé de s'imposer les plus grands travaux, de prendre toutes les mesures possibles, pour que, du lever du soleil à son couchant, les peuples, les races, les nations, puissent tous connaître la doctrine évangélique, et marchant dans les voies de la vérité et de la justice, arriver à la vie éternelle. Tout le monde sait avec quel zèle les Pontifes romains se sont appliqués à garantir le dépôt de la foi, la discipline du clergé, la sainteté et la science dans l'enseignement qui lui est donné, la sainteté et la dignité du mariage ; à développer chaque jour de plus en plus l'éducation chrétienne de la jeunesse de l'un et de l'autre sexe, à maintenir au sein des peuples, la religion, la piété, l'honnêteté des mœurs, à défendre la justice, et à veiller aux intérêts, à la tranquillité, au bon ordre, à la prospérité, même de la société civile.

Lorsqu'ils l'ont jugé opportun et surtout dans les temps de grandes perturbations et des calamités pour notre très-sainte religion et pour la société civile, les mêmes Pontifes n'ont pas négligé de convoquer des Conciles généraux afin que les Évêques de tout l'univers catholique, *que le Saint-Esprit à établis pour régir l'Eglise de Dieu*, et par l'union des conseils et des forces, tout ce qui pouvait faciliter la définition principale des dogmes de la foi, la destruction des erreurs généralement répandues, la défense, la mise en lumière, le développement de la doctrine catholique, le maintien et le rétablissement de la discipline ecclésiastique et la correction des mœurs chez les peuples envahis par la corruption.

Or, depuis longtemps tout le monde sait et constate quelle horrible tempête subit aujourd'hui l'Église et de quels maux immenses souffre elle-même la société civile. L'Église catholique et sa doctrine salutaire, la puissance vénérable et la suprême autorité de ce Siége apostolique, sont attaquées et foulées aux pieds par des ennemis acharnés de Dieu et des hommes; les choses sacrées sont toutes vouées au mépris, et les biens ecclésiastiques dilapidés; les Pontifes, les hommes les plus recommandables consacrés au divin ministère, les personnages éminents par leurs sentiments catholiques, sont tourmentés de toutes manières; on anéantit les communautés religieuses; des livres impies de toute espèce et des journaux pestilentiels sont répandus de toutes parts; les associations les plus pernicieuses se multiplient partout et sous toutes les formes; l'enseignement de la malheureuse jeunesse est presque partout retiré au clergé, et, ce qui est encore pire, confié en beaucoup de lieux à des maîtres d'erreur et d'iniquité. Par suite de tous ces faits, pour notre désolation et la désolation de tous les gens de bien, pour la perte des âmes, qu'on ne pourra jamais assez pleurer, l'impiété, la corruption des mœurs, la licence sans frein, la contagion des opinions perverses de tout genre, de tous les vices et de tous les crimes, la violation des lois divines et humaines, se sont partout propagées à ce point que, non-seulement notre très-sainte religion, mais encore la société humaine sont misérablement dans le trouble et la confusion.

Dans un tel concours de calamités, dont le poids accable Notre cœur, le suprême ministère pastoral, à Nous confié divinement, exige que nous mettions en action de plus en plus toutes nos forces pour réparer les ruines de l'Église, pour procurer le salut de tout le troupeau du Seigneur, pour repousser les assauts et la furie dévastatrice de ceux qui cherchent à détruire jusque dans leurs fondements l'Église elle-même, si jamais cela pouvait se faire, et la société civile. Remplissant, par le secours de

Dieu, ce devoir de notre charge si pesante, depuis le commencement même de Notre souverain pontificat, Nous n'avons jamais cessé, par Nos allocutions consistoriales et Nos lettres apostoliques multipliées, d'élever Notre voix, de défendre virilement de toutes Nos forces la cause de Dieu et de la sainte Eglise à Nous confiée par le Christ Notre-Seigneur, de combattre pour le maintien des droits de ce Siége apostolique, de la justice et de la vérité; de signaler les piéges tendus par les hommes ennemis, de condamner les erreurs et les fausses doctrines, de proscrire les sectes de l'impiété, de veiller avec le plus grand soin et de pourvoir par toutes les mesures possibles au salut de tout le troupeau du Seigneur.

Maintenant, suivant les traces glorieuses de Nos prédécesseurs, Nous avons jugé opportun, pour toutes les raisons que Nous venons d'exposer, de réunir en Concile général, ce qui était depuis longtemps l'objet de Nos désirs, tous Nos Vénérables Frères les Évêques de tout l'univers catholique, qui ont été appelés à entrer en partage de Notre sollicitude. Enflammés d'un ardent amour pour l'Église catholique, remplis pour tous et pour ce Siége apostolique d'une piété et d'un dévouement connu de tous, pleins de sollicitude pour le salut des âmes, illustres par leur sagesse, leur doctrine et leur science, et déplorant profondément avec Nous le triste état de la société religieuse et de la société civile, ces Vénérables Frères désirent par-dessus tout pouvoir délibérer et se concerter avec Nous pour appliquer à tant de maux des remèdes efficaces ; car, dans ce Concile œcuménique, l'examen le plus sérieux devra porter et des résolutions devront être prises sur tout ce qui intéresse, en ces temps si difficiles et si durs, la plus grande gloire de Dieu, l'intégrité de la foi, la dignité du culte divin, le salut éternel des hommes, la discipline du clergé régulier et séculier et son instruction salutaire et solide, l'observance des lois ecclésiastiques, la réformation des mœurs, l'éducation chrétienne de la jeunesse, la paix commune et la concorde universelle. On devra aussi travailler avec le zèle le plus soutenu, et sous la miséricordieuse assistance de Dieu, à délivrer de tous leurs maux l'Église et la société civile; à ramener dans le droit sentier de la vérité, de la justice et du salut les malheureux qui se sont égarés; afin que les vices et les erreurs, se trouvant écartés, notre auguste religion et sa doctrine salutaire acquièrent une vigueur nouvelle dans le monde entier, qu'elle se propage chaque jour de plus en plus, qu'elle reprenne l'empire, et qu'ainsi la piété, l'honnêteté, la justice, la charité et toutes les vertus chrétiennes se fortifient et fleurissent pour le plus grand bien de l'humanité. Car personne ne pourra jamais obscurcir cette vérité, que l'influence de l'Eglise catholique et sa doctrine non-seulement a pour objet le salut éternel des hommes, mais encore contribue au bien temporel des peuples, à leur véritable prospérité, au maintien de l'ordre et de la tranquillité, au progrès même et à la solidité des sciences humaines, ainsi que les faits les plus éclatants de l'histoire sacrée et de l'histoire profane le montrent clairement et le prouvent constamment de la manière la plus évidente. Et comme le Christ Notre-Seigneur Nous remplit admirablement de vie, de force et de consolation par ces paroles : *Là où deux ou trois sont rassemblés en mon nom, là je suis avec eux,* Nous ne pouvons pas douter qu'il ne veuille être lui-même avec Nous dans ce Concile, par l'abondance de sa grâce divine, afin que Nous puissions établir tout ce qui peut, en quelque manière que ce soit, procurer le plus grand bien de sa sainte Église. Après avoir répandu nuit et jour, dans toute l'humilité de Notre cœur, Nos plus ferventes prières devant Dieu, père des lumières, Nous avons donc jugé qu'il était nécessaire de réunir ce Concile.

C'est pourquoi, appuyé sur l'autorité de Dieu même, Père tout-puissant, et Fils et Saint-Esprit, et de ses bienheureux apôtres Pierre et Paul, autorité que, Nous aussi, Nous exerçons sur la terre, de l'avis et avec l'assentiment de Nos vénérables frères les Cardinaux de la sainte Église romaine, par la présente Lettre, Nous indiquons, convoquons et décrétons le Concile œcuménique et général qui devra se tenir, en l'année 1869, dans Notre bien-aimée Ville de Rome et dans la Basilique Vaticane, et s'ouvrira le 8 décembre, jour de la fête de l'Immaculée-Conception de la Vierge Marie Mère de Dieu, pour être continué et terminé avec l'aide du Seigneur, à la gloire de Dieu et pour le salut de tout le peuple chrétien. En conséquence, Nous voulons et ordonnons que, de toutes leurs résidences, tous Nos Vénérables Frères, Patriarches, Archevêques, Evêques, ainsi que Nos chers fils les Abbés, et tous autres appelés par droit ou par privilége à siéger et à donner leur avis dans les Conciles généraux, devront se rendre à ce Concile œcuménique convoqué par Nous, les requérant, exhortant et avertissant d'être présents et d'assister à ce saint Concile, en vertu du serment qu'ils ont prêté à Nous et à ce Saint-Siége et de la sainte obéissance, et sous les peines portées par le droit ou la coutume contre ceux qui ne se rendent pas aux Conciles; Nous leur ordonnons et leur enjoignons rigoureusement de venir en personne, à moins qu'ils ne soient retenus par quelque juste empêchement, ce qu'ils auront d'ailleurs à prouver au Concile par de légitimes fondés de pouvoirs.

Nous nous appuyons d'ailleurs sur cette espérance que Dieu, dans la main duquel sont les cœurs des hommes, accueillant favorablement Nos vœux, fera, par son ineffable miséricorde et sa grâce, que, reconnaissant de plus en plus quels grands biens découlent en abondance de l'Église catholique sur la société humaine, et que cette Eglise est le plus solide fondement des empires et des royaumes, les souverains et les chefs de tous les peuples, particulièrement les Princes catholiques, non-seulement n'empêcheront pas Nos Vénérables Frères les Evêques et les autres personnes ci-dessus mentionnées, de venir au Concile, mais au contraire se plairont à les favoriser, à les aider et à les assister de leur coopération avec le plus grand zèle, comme il convient à des Princes catholiques, en tout ce qui peut contribuer à la plus grande gloire de Dieu et au bien de ce Concile.

Et afin que Notre présente Lettre et son contenu parvienne à la connaissance de tous ceux à qui il appartient, de sorte que personne ne puisse prétexter cause d'ignorance, en raison surtout de ce que les voies pourraient ne pas être sûres pour les faire parvenir à tous ceux à qui elle doit être notifiée en personne, Nous voulons et ordonnons que ladite Lettre soit lue publiquement et à haute voix, par les huissiers de Notre Cour, ou par quelques notaires publics, dans les basiliques patriarchales de Latran, du Vatican et Libérienne, où la multitude du peuple a coutume de se rassembler pour les offices divins, qu'elle soit lue aussi sur le seuil de ces mêmes églises, affichée aux portes de la Chancellerie apostolique et dans le Champ de Flore, à l'endroit ordinaire, ainsi que dans les autres lieux où cela est d'usage pour rester exposée pendant un certain temps, de sorte que tout le monde puisse la lire et en prendre connaissance; lorsqu'on retirera ces affiches, on devra en laisser un certain nombre en ces divers endroits. En vertu de cette lecture, de cette publication et cet affichage, Nous voulons que tous, et chacun de ceux qui sont mentionnés dans Notre présente Lettre, soient, après un délai de deux mois, à partir de la publication et de l'affichage, liés et obligés comme si elle leur avait été lue et notifiée à eux-mêmes en personne. Nous voulons et ordonnons également que toute copie de cette Lettre, écrite ou signée de la main d'un notaire public, et revêtue du sceau d'un ecclésiastique constitué en dignité, obtienne la même foi et ait la même valeur que la présente.

Qu'il ne soit donc permis à personne d'enfreindre cette page de Notre indiction, annonce, convocation, statut, décret, ordre, précepte et obsécration, ou d'avoir la téméraire audace de s'y opposer. Si quelqu'un ose le tenter, qu'il sache qu'il encourra l'indignation du Dieu tout-puissant et de ses bienheureux apôtres Pierre et Paul.

Donné à Rome, près Saint-Pierre, l'an 1868, de l'Incarnation de Notre-Seigneur, troisième jour des calendes de juillet.

Et de Notre Pontificat la vingt-troisième année.

† Moi PIE,

ÉVÊQUE DE L'ÉGLISE CATHOLIQUE.

(Suivent les signatures des éminentissimes Cardinaux présents à la Cour.)

M. CARD. MATTEI, Proto-Dataire.

M. CARD. ARRACIANI CLARELLI.

PARIS. — E. DE SOYE, IMPRIMEUR, 2, PLACE DU PANTHÉON.

[illegible] [illegible] [illegible] [illegible] [illegible]
[illegible] [illegible] [illegible] [illegible] [illegible]
[illegible] [illegible] [illegible] [illegible] [illegible]
[illegible] [illegible] [illegible] [illegible] [illegible]
[illegible] [illegible] [illegible] [illegible] [illegible]
[illegible] [illegible] [illegible] [illegible] [illegible]

BULLETIN DE SOUSCRIPTION

Je déclare souscrire aux ouvrages suivants (*)

1° **La Somme des Conciles généraux et particuliers,** par M. l'abbé GUYOT. 2 vol. petit in-8, ensemble : près de 1,500 pages. — Prix : 9 fr.

2° **Les Conciles généraux et particuliers,** par Mgr GUÉRIN. Trois forts vol. in-8. Le 3ᵉ volume contiendra le futur Concile. — Prix de chaque volume : 7 fr. 50.

3° **Nova et amplissima Conciliorum omnium Collectio.** Environ 10 vol. grand in-4, à 20 fr. le volume.

4° **Collectio omnium Conclusionum et Resolutionum** quæ in causis propositis apud S. Congregationem Cardinalium, Concilii Tridentini interpretum prodierunt ab ejus institutione anno MDLXIV ad annum MDCCCLX distinctis titulis alphabetico ordine per materias cura et studio Salvatoris Pallottini S. theologiæ doctoris et in Romana curia advocati. — Prix : 2 fr. 25 la livraison. Environ 100 livraisons.

5° **Analecta juris pontificii** (*vrai Moniteur du Concile*). Dissertations sur différents sujets de droit canonique, liturgie et théologie. — Les livraisons paraissent tous les deux mois. — L'abonnement : 16 fr. par an. — 9 volumes ont paru. — Prix : 20 fr. le volume.

que je paierai à trois mois de date ou à

Date

Adresse et signature

(*) Biffer les ouvrages dont on ne désire pas l'acquisition.

Monsieur Victor PALMÉ, libraire-éditeur,

25, rue de Grenelle-Saint-Germain,

PARIS.